Communication de crise et médias sociaux

Tout le catalogue sur
www.dunod.com

DUNOD
ÉDITEUR DE SAVOIRS

FONCTIONS de L'ENTREPRISE

marketing
communication

Communication de crise et médias sociaux

> Anticiper et prévenir les risques d'opinion
> Protéger sa e-réputation
> Gérer les crises

Emmanuel BLOCH

DUNOD

Maquette intérieure : Catherine Combier et Alain Paccoud
Couverture : Didier Thirion/Graphir design
Photos couverture : Didier Thirion/Graphir design
Photo de l'auteur : Bernard Rousseau
Mise en pages : Nord Compo

Le pictogramme qui figure ci-contre mérite une explication. Son objet est d'alerter le lecteur sur la menace que représentent pour l'avenir de l'écrit, particulièrement dans le domaine de l'édition technique et universitaire, le développement massif du photocopillage.
Le Code de la propriété intellectuelle du 1er juillet 1992 interdit en effet expressément la photocopie à usage collectif sans autorisation des ayants droit. Or, cette pratique s'est généralisée dans les établissements d'enseignement supérieur, provoquant une baisse brutale des achats de livres et de revues, au point que la possibilité même pour les auteurs de créer des œuvres nouvelles et de les faire éditer correctement est aujourd'hui menacée.
Nous rappelons donc que toute reproduction, partielle ou totale, de la présente publication est interdite sans autorisation de l'auteur, de son éditeur ou du Centre français d'exploitation du droit de copie (CFC, 20, rue des Grands-Augustins, 75006 Paris).

© Dunod, Paris, 2012
ISBN 978-2-10-056416-3

Le Code de la propriété intellectuelle n'autorisant, aux termes de l'article L. 122-5, 2° et 3° a), d'une part, que les « copies ou reproductions strictement réservées à l'usage privé du copiste et non destinées à une utilisation collective » et, d'autre part, que les analyses et les courtes citations dans un but d'exemple et d'illustration, « toute représentation ou reproduction intégrale ou partielle faite sans le consentement de l'auteur ou de ses ayants droit ou ayants cause est illicite » (art. L. 122-4).

Cette représentation ou reproduction, par quelque procédé que ce soit, constituerait donc une contrefaçon sanctionnée par les articles L. 335-2 et suivants du Code de la propriété intellectuelle.

Remerciements

Je remercie énormément toutes ces personnes qui m'ont consacré du temps et ont bien voulu répondre à de multiples questions sur leur vision des réseaux sociaux et leur perception de l'impact d'internet dans leurs activités professionnelles :
– Jean-Pierre Beaudoin, président, groupe i&e ;
– Fabrice Epelboin, ancien rédacteur en chef de ReadWriteWeb France, cofondateur de Owni, de fhimt.com et d'ATLN.info ;
– Guilhem Fouetillou, fondateur, Linkfluence ;
– Valérie Gleizes, directrice adjointe, Quick France ;
– Yann Gourvennec, web digital and social media director, Orange ;
– François Guillot, directeur associé, Angie+1 ;
– Fateh Kimouche, directeur de la rédaction, Al-Kanz ;
– Frédéric Klotz, directeur qualité, rueducommerce.com, en charge de la qualité de service ;
– Olivier Laurelli, alias Bluetouff ;
– Clémence Lerondeau, journaliste web, Greenpeace France ;
– Stéphane Mahon, directeur général, Happycurious ;
– Xavier Moisant, créateur de Gobilab, créateur du blog « Train-Train quotidien » ;
– Christophe Pelletier, directeur associé, Euro-RSCG C&O ;
– François Pinochet, PDG du Cabinet BWI ;
– Sandrine Place, conseil associée, i&e Consultants ;
– Carlo Revelli, président directeur général, Cybion ;
– Véronique Senèze, responsable du département veille et ressources d'informations, service d'information du Gouvernement ;
– Thierry Spencer, vice-président marketing, Testntrust.com, auteur du blog Sensduclient.com ;
– Marina Tymen, responsable relations presse et community management corporate, Air France.

Avant-propos

Ce livre a été écrit principalement entre janvier et octobre 2011. Cela représente un peu moins de 9 mois... Et pourtant que de changements et d'évènements pendant cette courte période !

Le plus important en termes d'impact a sans doute été l'apparition soudaine d'un nouveau réseau social : Google+. En moins de 16 jours le nouveau venu rassemblait plus de 10 millions d'utilisateurs, et 20 millions en 21 jours ! Pour mémoire, il avait fallu près de deux ans et trois mois pour que Facebook atteigne les 10 millions et à peine moins pour Twitter (780 jours). Mais si la croissance paraît incroyable, l'essai est loin d'être transformé. La concurrence – en l'occurrence Facebook – n'est pas restée inactive et certains parlent déjà de la lente agonie de ce nouveau réseau... L'avenir nous le dira (probablement très vite).

Côté crises, la période n'a pas été non plus « un long fleuve tranquille ». Au cours de 2011, les crises se sont succédées avec, à chaque fois un rôle grandissant joué par les médias sociaux : Volkswagen, Mattel et Nike provoqués par Greenpeace, Rueducommerce, Nestlé et le blog Al-Kanz, Quick, Veet, Bahrein et le Grand Prix de F1, Hadopi... Bref, pas une semaine sans qu'une crise nouvelle apparaisse avec des caractéristiques souvent différentes des précédentes.

Dernier point marquant révélé par la réalisation de cet ouvrage : le traitement des crises sur internet reste encore très empirique. Bien entendu, il y a toujours de nombreux « experts » pour expliquer *a posteriori* ce qu'il aurait fallu faire, comment réagissent les internautes, pourquoi telle entreprise n'a rien compris aux médias sociaux... mais force est de constater que lorsqu'ils sont aux commandes, les spécialistes se trompent eux aussi parfois lourdement. Récemment, Alex Blagg, désigné aux États-Unis en 2010 comme le « gourou » des médias sociaux le plus influent, a été à l'origine des deux campagnes les plus controversées sur internet. Ses clients – et pas les moindres Groupon et Kenneth Cole – ont dû faire leurs plus plates excuses et, pour le coup, mettre en place de toute urgence une stratégie de communication de crise pour limiter la fronde du net.

Alors, que faut-il faire ? Avant tout écouter, regarder ce qu'il se passe et se faire sa propre expérience. Les entreprises qui se sortent le mieux des situations de crise sur internet, sont à chaque fois celles qui connaissent vraiment leurs communautés, leurs clients, bien au-delà de quelques critères sociologiques qui ont de moins en moins d'utilité. Les clients influents, les leaders d'opinion sur le web ne sont pas forcément les plus évidents. (En 2007, le client le plus influent sur Amazon UK – celui dont les recommandations étaient les plus lues – était un chômeur de Leicester qui ne possédait même pas d'accès à internet chez lui...)

Et c'est là que se trouve sans doute l'élément le plus fascinant des réseaux sociaux : en perpétuelle évolution, ils requièrent d'être en permanence aux aguets, attentifs, curieux... Bref, ouverts sur le monde ! La lecture de cet ouvrage ne vous garantit absolument pas de gérer avec brio sur le Net la prochaine crise de votre entreprise. En revanche, elle devrait vous aider à vous poser les quelques bonnes questions qui, peut-être, vous permettront d'éviter le pire, voire d'empêcher l'émergence de la crise.

Bonne lecture

Emmanuel B<small>LOCH</small>

Table des matières

Avant-propos	VII
Introduction	1

Partie I
La nouvelle donne de la communication de crise — 5

Chapitre 1 ■ Un changement majeur de paradigme	7
L'apparition d'un nouveau type de crise	8
Pas de pause pour la crise	8
De l'évènement à la crise	11
Les 9 principales caractéristiques d'une crise sur le web	12
L'utilisation simultanée de plusieurs technologies de communication	12
La dramatisation de la situation	13
La sur-crise causée par une mauvaise connaissance de l'utilisation des médias sociaux	13
L'exploitation astucieuse des ressources du réseau	14
La capacité de mobilisation rapide des internautes pour une cause… et la rapidité d'oubli ?	14
La violence des propos	14
La lourde responsabilité des « community managers »	15
L'attraction des médias traditionnels	15
L'inversion du rôle de la victime	15
De la crise potentielle au risque permanent	16
Le (presque) bon vieux temps	16
Anticipation, respect, éthique : des fondamentaux permanents	17
Ce qui change : les amis de mes amis… sont très nombreux !	20

Table des matières

Chapitre 2 ■ La communication asymétrique ou crise 2.0 — 27
Un peu de géométrie de la confrontation — 28
    Symétrie : que le meilleur gagne — 28
    Dissymétrie : la loi du plus fort — 28
    Asymétrie : la fin justifie les moyens — 29
Les caractéristiques de l'asymétrie en communication — 29
    C'est qui le chef ? L'organisation sans structure — 32
    Sortir des « règles » : droit, morale et éthique — 34
    La maîtrise technologique et des usages des outils — 35
    La rapidité de décision — 36
    Deception : « paralyser » les systèmes de décision — 38
    Pousser à la faute : la recherche de la victimisation — 39
    Isoler : parce que seul on est moins fort… — 40
    Un environnement plus complexe à appréhender — 40
D'importantes conséquences pour les marques — 42
    Le pouvoir change de main — 42
    Le nécessaire retour aux fondamentaux — 45

Partie II
Diminuer les risques, anticiper la crise — 49

Chapitre 3 ■ Bien comprendre son environnement — 51
Comprendre le web social — 52
    Mais au fait : c'est quoi un réseau social ? — 52
    Les typologies de médias sociaux — 57
    Internautes sociaux : une population
    aux caractéristiques particulières — 60
Bien connaître ses propres zones de risques — 62
    Comment établir une matrice pertinente des risques ? — 63
    Risques structurels et risques conjoncturels — 64
    La politique de l'autruche, premier risque de crise — 65

Chapitre 4 ■ Mettre en place une veille efficace — 67
La veille, pour faire quoi ? — 68
    Veille marketing, intelligence économique
    et veille d'opinion — 68
    Une veille pour quel résultat ? — 72

Les secrets d'une veille efficace	77
Bien connaître l'entreprise	77
Se constituer un réseau	77
Être précis, s'engager : « less is more »	79
Comment réaliser sa veille ?	81
Les solutions gratuites	81
Les solutions de veille payantes	83

Chapitre 5 ▪ Communiquer de façon efficace sur les sujets sensibles — 87

Légitimer son action	88
Ne pas avoir peur de parler de ce qui fâche !	88
Justifier sa communication	89
Être honnête, ne pas mentir	90
S'appuyer sur des alliés : le « smart » power	92
S'adapter au contexte	96
Développer une réelle capacité d'adaptation	96
Conversation vs information	97
Adopter une posture positive	102
Rester dans le cadre	102
Faire taire toute rumeur	104

Chapitre 6 ▪ Une approche méthodologique pratique : le « nuage d'influence » — 107

Une approche en phase avec l'usage des médias sociaux	108
Identifier son environnement sémantique…	108
Prendre en compte toutes les dimensions du sujet	109
Intégrer les arguments des opposants	110
Cartographier son environnement	111
Les lieux d'expression légitimes	112
Les lieux d'expression libres ou semi-libres	113
Les lieux d'expression négociés	113
Repérer les manques et agir	114
Renforcer les contenus	114

Évaluer les résultats — 124
    Une approche quantitative : évaluer la visibilité — 124
    Évaluer en termes qualitatifs : les gains de crédibilité — 126

Partie III
Faire face à la crise sur internet — 129

Chapitre 7 ■ Communiquer efficacement en situation de crise — 131

L'importance de la forme et du fond… — 132
    Conserver les fondamentaux — 132
    Au cœur du sujet : la réputation — 133

Qualifier la crise — 134
    De l'accident à l'acte d'incompétence — 134
    Le poids de l'histoire et de la réputation — 135

Les principes essentiels de la communication en situation de crise — 136
    Gérer la crise — 136
    Mettre en place rapidement une organisation efficace — 137
    Partager l'information — 142
    Agir dans le doute — 143
    Conserver une démarche éthique même face à la provocation — 145
    Continuer à communiquer, ne pas s'isoler — 145
    Les comportements gagnants — 146
    La mobilisation de l'opinion — 148

Chapitre 8 ■ Propagation et typologie des crises — 155

Les acteurs de la propagation de la crise — 156
    Les initiateurs de la crise sur internet — 156
    Les amplificateurs — 161
    Les commentateurs — 162

Les crises « industrielles » ou crises endogènes — 163
    Les particularités des crises « industrielles » ou endogènes — 164
    Le rôle des médias sociaux — 165

Les crises « internet » ou crises exogènes — 168

Les particularités des crises exogènes	169
Chapitre 9 ■ Gérer la crise	**173**
S'occuper des médias « traditionnels »	174
La clé du succès en cas de crise endogène	174
Produire du silence : le cas des crises exogènes	175
Identifier les acteurs de la crise sur internet	175
Prendre la parole	178
Quand prendre la parole ?	179
Comment prendre la parole ?	180
Où prendre la parole ?	182
Veiller les réseaux sociaux	189
Être au bon endroit	189
Développer une écoute active	190
Gérer les espaces d'expression	192
Stopper les rumeurs	194
Remonter à l'origine si possible	194
Répondre de façon circonstanciée	195
Mobiliser ses alliés	196
Récapitulatif	198
Conclusion	**201**
Bibliographie	**205**

Introduction

La gestion de crise comme de nombreuses autres activités humaines, repose avant tout sur l'expérience et les ressources disponibles. L'étude des incidents, accidents, grèves… vécus par les entreprises principalement depuis les 50 dernières années a permis aux universitaires et experts en communication de définir des « comportements » et des « processus » aisément réutilisables et transmissibles. C'était le « bon vieux temps » du manuel de communication de crise que tout département « communication » ou « marketing » de chaque entreprise se devait d'avoir dans un tiroir, à portée de main.

Et puis le web social est apparu avec 3 bouleversements structurels[1] majeurs :
- **La relation au temps** : nous sommes passés du « *chronos* », le temps long, celui de la planification, de la stratégie, au « *kairos* », le temps court, celui des opportunités. Les entreprises du web naissent sur une opportunité et s'adaptent en permanence en fonction de leur environnement. Google a été au départ un moteur de recherche, puis une boîte mail, puis un système cartographie… et dernièrement un réseau social. Au niveau des individus, ce changement se traduit par la fin de la notion de « carrière ». Plus personne ne pense passer sa vie dans la même entreprise, voire faire le même métier.
- **La relation à l'autorité** : c'est le passage du patriarcat – le respect du père, du patron, des experts – au « fratriarcat » fondé sur la communauté, sur ceux qui « sont comme moi ». Les prescripteurs ne sont plus facilement identifiables, ils émergent de la masse silencieuse au gré des sujets.
- **La disparition de la ligne de commandement** : dans les réseaux sociaux, l'essentiel de l'organisation vient de la base. Tout un chacun peut – et veut ! – agir sur la ligne de direction. Même les entreprises découvrent qu'elles ne maîtrisent plus des éléments aussi fondamentaux que leur marque. En septembre 2010, Gap a décidé de changer son logo. Devant la fronde des consommateurs, notamment sur internet, la marque a dû faire marche arrière.

---
1 Voir à ce sujet l'excellente présentation de Stéphane Hugon, visible sur slideshare.

Auxquels s'ajoutent deux tendances essentielles à prendre en compte pour la gestion de crise :
- **L'inversion du « savoir »** : pour la première fois dans l'Humanité, les jeunes générations maîtrisent mieux la technologie que leurs aînés. Ce « savoir » technologique, essentiel désormais pour la vie personnelle et professionnelle (que faire sans e-mail, internet, etc. ?) est désormais entre les mains des plus jeunes. Cela n'est pas sans poser de problèmes dans des organisations où la hiérarchie est souvent fondée sur l'expérience et la connaissance. Le risque est en effet d'avoir des « décideurs » n'ayant pas la compréhension du phénomène tandis que ceux qui pourraient en apporter un décryptage se trouvent dans des positions subalternes.
- **La maîtrise des ressources** : pendant longtemps l'argent, les expertises étaient entre les mains des entreprises. Quand une entreprise était en situation difficile, elle pouvait facilement – moyennant finance – faire appel à des « experts » (avocats, scientifiques, conseils en communication…) susceptibles de l'aider à gérer la situation. En face, les associations (de riverains, de consommateurs, environnementales…) ne disposaient que de ressources limitées, voire d'aucune ressource. Cela change complètement avec les réseaux sociaux. Pour peu que la « cause » soit partagée par la communauté, il arrive souvent que des « experts » viennent proposer spontanément leur aide. Et l'équilibre peut très facilement basculer en défaveur de l'entreprise qui doit supporter des coûts de gestion de la crise croissants alors qu'en face, la seule contrainte consiste à mobiliser la communauté sur le sujet.

L'impact de ces changements, considérables tant au niveau sociétal qu'économique, n'a pas bien été identifié car les politiques, les chefs d'entreprise, les « experts », etc. se sont principalement focalisés sur l'aspect technique de ces nouvelles technologies. Or, leur complexité les rendait parfois peu compréhensibles ; sans compter que les tâtonnements des premiers utilisateurs laissaient difficilement deviner leur puissance intrinsèque. Avant les révolutions du Printemps arabe, qui aurait pu penser que Facebook ou Twitter pouvaient jouer un tel rôle dans l'émancipation de populations opprimées et la défense des libertés ?

En conséquence, les entreprises et les marques, pour la plupart, restent encore très frileuses vis-à-vis de ces nouveaux moyens de communication. Bien sûr, toutes les marques de grande consommation sont présentes sur Facebook, Twitter, Google etc. mais sans avoir pour autant remis en question leur mode de communication. Le principe reste le même : l'information promotionnelle, publicitaire est transmise vers des clients actuels ou potentiels. La démarche demeure éminemment « de bas en haut » (top down), à sens unique, mais sur des médias sociaux qui ont été créés avant tout pour favoriser l'échange et le dialogue.

Un décalage croissant apparaît entre des internautes qui passent une partie grandissante de leur temps à échanger, partager et discuter entre eux et des marques qui « parlent mais n'écoutent pas ». Et ces dernières perçoivent bien que rien n'est plus pareil, mais l'adaptation à ce nouvel environnement, à ce monde du « dialogue », est bien plus complexe qu'il n'y parait. Cela dépasse largement le recrutement de quelques « community manager » ; c'est l'état d'esprit, l'organisation même de beaucoup d'entreprise qu'il faut changer. Quelle entreprise est prête aujourd'hui à répondre en direct à un client sur Twitter ? Quelle entreprise est vraiment prête à modifier ses produits à partir de remarques postées sur Facebook ?

Ce décalage entre « l'internaute social » et « l'entreprise institutionnelle » est éminemment générateur de risque. L'entreprise habituée à une communication « traditionnelle » se trouve confrontée à des internautes, des communautés, des associations qui développent une communication « asymétrique » ; une communication qui ne respecte pas du tout les codes traditionnels mais exploite avec une efficacité maximum la puissance offerte par le web collaboratif en permettant à chacun de devenir son propre média, au sens émetteur de messages.

Ce nouveau phénomène de « communication asymétrique » va durablement modifier les règles de la relation entre les entreprises et leurs publics.

Pour mieux comprendre ce profond bouleversement de la communication, et particulièrement de la gestion de la communication de crise, cet ouvrage a été conçu autour de trois grandes parties. La première, « La nouvelle donne de la communication de crise » a pour objectif de faire le point sur ce qui a changé et ce qui n'a pas changé depuis l'émergence des médias sociaux ; elle brosse le panorama actuel et tente de décrypter les conséquences de ce nouvel environnement pour la communication de crise. La deuxième partie de l'ouvrage « Diminuer les risques, anticiper les crises » vise à fournir les éléments pour éviter la crise. Elle détaille une méthodologie d'action, le « nuage d'influence » qui, à travers une utilisation des techniques de veille et le développement d'un dialogue avec les communautés, permet de diminuer le risque de crise sur internet. Enfin, la troisième partie est consacrée à la gestion de la crise. Il s'agit moins de donner une recette à suivre que de présenter les principaux éléments constituant la mise en place d'une stratégie de communication de crise vers les médias sociaux.

Partie I

La nouvelle donne de la communication de crise

« Le Net est la plus grande saloperie qu'aient jamais inventée les hommes ! C'est un dieu vivant ! Car internet permet à tous les hommes de communiquer avec les autres hommes. En quelques secondes, le Net peut détruire une réputation ! »

Jacques Séguela, 17 octobre 2009,
On n'est pas couché, France 2

Chapitre 1

Un changement majeur de paradigme

Executive summary

▸▸ **L'émergence** des réseaux sociaux oblige les entreprises à revoir leur façon de communiquer, particulièrement en situation de crise.

▸▸ **Si les fondamentaux** de la gestion de crise restent constants – anticipation des risques, respect et compassion envers les victimes potentielles, comportement clair, éthique et honnête de l'entreprise impliquée – la capacité de diffusion très rapide de l'information, inhérente aux médias sociaux, influence la crise et la façon dont elle doit être gérée.

▸▸ **Au-delà de la maîtrise** technique de ces nouvelles technologies et de ces nouveaux médias, les entreprises doivent avant tout en comprendre les usages et les enjeux sous peine d'aggraver la crise.

1. Un changement majeur de paradigme

Dès son apparition puis tout au long de sa démocratisation, internet a été associé à la communication de crise. Dès 1996, la marque américaine de jus de fruits Odwalla utilisait déjà le Net pour communiquer sur le rappel de ses produits alors que le Net ne touchait qu'une minorité de la population qui surfait essentiellement *via* des modems téléphoniques… Puis, alors que le réseau des réseaux devenait de plus en plus populaire, il devenait logique, sinon essentiel pour les marques d'insérer ce nouveau moyen de communication dans les plans de communication de crise. C'était l'ère du web 1.0…

Le véritable changement est apparu avec le web 2.0, lorsque le web est devenu « collaboratif ». Le réseau passait de moyen de communication de crise à source potentielle de crise. Cela s'est révélé au grand jour en 2004 avec l'affaire Kryptonite. Ce fabricant américain d'antivol a vu apparaître du jour au lendemain sur le Net des vidéos montrant comment il était possible d'ouvrir un de ses antivols réputés inviolables avec un simple stylo-bille. L'impact sur l'image de la marque et surtout sur ses ventes fut immédiat. Nous étions entrés dans l'ère de la crise 2.0.

Les cas de crise se sont alors multipliés au gré du rapide développement de l'internet dans la population… La plupart du temps il s'agissait soit de rémanence de crises « traditionnelles », c'est-à-dire déclenchées dans le monde « réel », soit d'initiatives individuelles plus ou moins popularisées sur net (clients mécontents, détournements humoristiques…). Ce n'est qu'en 2010, qu'a eu lieu la première attaque coordonnée d'une marque sur le web social avec l'utilisation simultanée de la quasi-totalité des outils de communication offerts par ce nouveau média.

L'apparition d'un nouveau type de crise
Pas de pause pour la crise[1]

Le 16 mars 2010 a eu lieu la première attaque coordonnée et planifiée de grande ampleur d'une marque sur le web social. Elle a opposé deux multinationales : d'un côté, Nestlé, le géant de l'agroalimentaire, de l'autre, l'association environnementale Greenpeace. La leçon fut terrible pour

---

1 Pour tous ceux qui souhaiteraient avoir de plus amples détails sur ce cas, voir les excellents articles publiés par François Guillot (Internet et Opinion(s), « Les enseignements du cas Nestlé-Greenpeace ») et Fabrice Epelboin (ReadWriteWeb, « Greenpeace et Nestlé sur Facebook : l'art de la guerre »).

Nestlé qui, en quelques jours, découvrit à ses dépens que ce nouvel espace de communication pouvait provoquer des dégâts majeurs non seulement sur son image mais également sur son cours de bourse.

Le déclenchement de la crise

Tout a commencé, par la publication, sur le site de Greenpeace, d'un rapport intitulé « Caught red handed » (« Pris en flagrant délit[1] ») qui mettait en avant les liens entre Nestlé et Sinar Mas. Ce conglomérat indonésien producteur d'huile de palme, selon l'association écologiste, serait à l'origine de la destruction des forêts tropicales et des tourbières indonésiennes. Le rapport, traduit en plusieurs langues, est mis en ligne sur des espaces dédiés des sites nationaux de Greenpeace.

Le 17 mars 2010, Nestlé, pris à partie, répond officiellement qu'il ne se fournit plus auprès de Sinar Mas. Cette réponse est faite indirectement à travers l'envoi d'un mail à plusieurs agences de presse.

Greenpeace, quant à elle, continue ses actions à la fois sur le terrain et sur internet. L'approche « terrain » est assez traditionnelle avec l'organisation de manifestations de militants déguisés en orang-outangs devant des sièges sociaux de Nestlé, notamment celui du Royaume-Uni.

L'approche internet, quant à elle, repose sur l'utilisation de plusieurs moyens simultanés. Tout d'abord, l'association écologiste met sur YouTube un film parodiant la publicité KitKat. La fausse publicité reprend le concept initial (« La pause KitKat ») mais à la place d'une barre chocolatée : un doigt d'orang-outan recouvert de chocolat qui dégouline de sang lorsqu'il est croqué[2]. La mise en ligne de ce film à midi est annoncée aux médias *via* la diffusion d'un communiqué de presse[3] spécifique.

Ensuite, l'association crée des mini-sites comprenant de véritables « kits » de campagne[4] de communication : « Killer » à la place de « KitKat », le logo original avec des tâches de sang, etc.

Enfin, *via* ses comptes Twitter et Facebook, l'association encourage les internautes à se mobiliser pour cette cause à travers la publication de messages sur le site Facebook de Nestlé et l'envoi d'e-mails de protestation au PDG de la multinationale.

---

[1] http://www.greenpeace.org/raw/content/france/presse/dossiers-documents/pris-en-flagrant-delit.pdf
[2] La publicité est visible sur YouTube dans plusieurs langues.
[3] http://www.greenpeace.org/international/en/press/releases/nestle-drives-rainforest-destr/
[4] http://weblog.greenpeace.org/climate/2010/03/your_kit_kat_campaigns.html

1. Un changement majeur de paradigme

L'amplification de la crise

La réaction de Nestlé ne se fait pas attendre. Dans un premier temps, la société demande – et obtient – le retrait de YouTube de la parodie publicitaire qui totalise à ce moment-là moins de 1 000 « vues ». Dans un deuxième temps, sur Facebook, la marque renvoie systématiquement les internautes activistes vers la page de son site qui présente la position de l'entreprise sur l'utilisation d'huile de palme. Nestlé publie également cette position sur son fil Twitter qui est suivi par moins de 1 000 personnes à cette date.

Le 18 mars, la situation dérape et Nestlé perd alors progressivement le contrôle des évènements. En réponse à la suppression du film de YouTube, Greenpeace non seulement le duplique sur une multitude d'autres sites, mais de plus mobilise le web social et les médias sur le fait que Nestlé cherche à censurer l'association écologiste. Le nombre de « vues » explose à ce moment-là : en quelques heures, plusieurs centaines de milliers de personnes voient la parodie publicitaire de KitKat. L'effet en est immédiat sur la page Facebook de Nestlé où les critiques sur la façon dont la multinationale gère sa communauté se multiplient. La plupart de ces internautes modifient la photo de leur profil Facebook et la remplacent par l'un des logos détournés. Sur la page Facebook de la marque, le community manager de Nestlé rappelle alors assez vigoureusement à ces derniers que ce type de détournement est interdit par le droit de la propriété intellectuelle.

Le 19 mars, c'est l'emballement. Les réactions perçue comme agressives du community manager de la page Facebook de Nestlé font le tour des réseaux sociaux et sont reprises sans fin sur Twitter. Greenpeace de son côté habille ses pages Facebook et ses sites aux couleurs du logo « Killer ». Plus de 120 000 mails sont envoyés au PDG de Nestlé.

Le dénouement

Face au soulèvement des internautes, Nestlé publie officiellement ses excuses sur sa page Facebook pour certaines des interventions faites par son community manager et renvoie vers une page de questions/réponses sur le sujet de l'huile de palme. Puis c'est le silence complet. La page Facebook sera laissée pendant plusieurs jours totalement entre les mains des internautes qui en profitent pour manifester leur mécontentement.

Parallèlement, l'histoire, ayant pris d'importantes proportions, a attiré des médias « traditionnels ». Les articles sur cette bataille « online » se multiplient. Nestlé se trouve à devoir répondre à de nombreuses sollicitations de journalistes sur sa politique envers ses approvisionnements d'huile de palme, et en vient même à s'engager publiquement à cesser ses relations avec Sinar Mas[1]. Enfin, l'étude du cours de bourse de Nestlé lors de ces journées, met en évidence un net décrochage de l'action le 19 mars.

L'affaire se tassera sur internet les jours suivants et, le 22 mars, Nestlé publiera sur sa page Facebook : « *Social media : as you can see we're learning as we go. Thanks for the comments.* ». Finalement, Peter Brabeck, le président du directoire de Nestlé, signera le 13 avril une lettre ouverte à Greenpeace, dans laquelle il détaillera les actions mises en place par le groupe agroalimentaire sur le thème de l'huile de palme : arrêt de tout approvisionnement auprès de Sinar Mas, assurance que l'ensemble des fournisseurs respectent les critères de développement durable, participation active à l'initiative « Roundtable on Sustainable Oil palm »… Bref, la marque s'engage clairement à changer son comportement sur ce sujet.

De l'évènement à la crise

Cette histoire est très intéressante car elle cristallise en une période de temps courte les éléments principaux d'une crise sur les réseaux sociaux.

Tout d'abord, à l'origine, comme pour la plupart des crises, il y a un fait générateur identifié (la publication du rapport de Greenpeace). Le choix fait par l'association écologiste de se focaliser sur la marque KitKat n'est pas un hasard : quelques mois auparavant (en janvier 2010), la multinationale avait largement communiqué sur le lancement des premières barres KitKat labellisées « Commerce Équitable » sur les marchés du Royaume-Uni et de l'Irlande.

Mais, même si Nestlé avait sans doute anticipé ce risque (sa rapidité de réaction le laisse penser), il l'a traité « à l'ancienne », c'est-à-dire sans tenir compte de l'évolution de l'environnement et en particulier de l'émergence des médias sociaux. La multinationale applique typiquement les « recettes » de la gestion de crise traditionnelle : réaction quasi immédiate dès l'identification du risque, publication d'un « *statement* » expliquant la position de l'entreprise sur l'huile de palme et « traitement » de la source de la crise, c'est-à-dire en l'occurrence faire enlever le film de YouTube et essayer de faire taire les internautes propagateurs du sujet. Malheureusement, cette démarche ne fonctionne plus du tout dans le web social.

---
1 *The Guardian*, « Nestlé set timetable for palm oil decision », 19 mars 2010.

1. Un changement majeur de paradigme

Comme l'explique sur France 24 Daniela Montalto, responsable des campagnes « Forêts » pour Greenpeace[1] : « Nestlé a demandé à YouTube de retirer la fausse publicité du site. C'est clair que, pour nous, il y a un avant et un après cette décision. Les internautes ont très mal pris la réaction de Nestlé et se sont emparés de la vidéo pour la faire circuler sur leurs propres réseaux. De notre côté, il nous a suffi de la poster sur d'autres sites de partage de vidéo »

Ce qui a transformé cet évènement en crise, ce sont les médias sociaux ou plutôt l'utilisation qui en a été faite par Greenpeace. Sans ces nouveaux médias, Greenpeace aurait sans doute eu beaucoup plus de mal à faire connaître cette problématique et à mobiliser l'opinion sur ce sujet, certes important, mais tellement lointain.

Les médias sociaux ont non seulement permis de rendre l'histoire publique, mais aussi de la faire circuler. La vidéo est très rapidement devenue un hit en termes d'audience (plusieurs centaines de milliers de visionnages en quelques heures), le fil Twitter a propagé à la vitesse de l'éclair les commentaires assez peu amènes du community manager et la page Facebook s'est rapidement transformée en lieu de rendez-vous pour tous les supporters de la cause.

Enfin, l'emballement de la situation attire les médias... qui, à leur tour, à travers les articles publiés entretiennent les échanges Twitter. La boucle est bouclée.

Les 9 principales caractéristiques d'une crise sur le web

Cette crise et ses répercussions permettent d'identifier de façon assez symptomatique les principales caractéristiques des crises sur les réseaux sociaux.

L'utilisation simultanée de plusieurs technologies de communication

Greenpeace utilise en moins de 24 heures de multiples moyens de communication : des techniques « anciennes » (relations presse, événementiels, création d'un site web, envoi de mails à Peter Brabeck-Letmathe,

---

1 France 24, « Comment Greenpeace a réduit le KitKat de Nestlé en miettes virtuelles », 2 avril 2010.

le président de l'entreprise…) mais également de nouveaux médias d'une efficacité redoutable en termes de visibilité (YouTube, Facebook et Twitter).

- YouTube amène le côté « viral », c'est le film qui résume la problématique en 2 minutes d'images choc.
- Facebook est le réseau social par excellence qui permet de créer une plateforme spécifique où se retrouvent les adhérents à la cause. Le fonctionnement de Facebook, permet en outre de diffuser en un minimum de temps l'information auprès de la communauté de Greenpeace.
- Twitter est le disséminateur ; il créé le phénomène. En effet, la particularité de Twitter est de permettre, *via* le système des abonnements et des retweets, une circulation très rapide de l'information auprès de communautés de plus en plus importantes. Le compte Twitter permet alors de faire connaître la page Facebook et le film.

La dramatisation de la situation

Il y a dans cette histoire un phénomène assez typique des situations de crise qui est la dramatisation à outrance de la situation. Cela part d'un constat simple : nous préférons des histoires fortes à des histoires banales.

Cette dramatisation intervient à deux niveaux. Le premier – attendu – est celui de la menace que pose l'utilisation massive d'huile de palme pour les espèces d'orang-outangs. Mais la véritable dramatisation, celle qui fait que la crise éclate véritablement, c'est lorsque Greenpeace fait connaître que Nestlé cherche à censurer la multinationale et les internautes qui manifestent leur mécontentement.

La sur-crise causée par une mauvaise connaissance de l'utilisation des médias sociaux

Une des premières actions de Nestlé va être de faire retirer le film de Greenpeace de YouTube. Action non seulement inutile – l'association met immédiatement des copies de la vidéo en ligne sur d'autres sites – mais extrêmement contre-productive, car mal perçue des internautes. En fait, la véritable crise naît à ce moment-là. Elle sera par la suite alimentée par les énervements du community manager de la page Facebook de Nestlé envers ceux qui détournent le logo de la marque.

L'exploitation astucieuse des ressources du réseau

Greenpeace met à disposition de sa communauté toute une panoplie de moyens pour faire connaître la cause et assurer la dissémination de ses messages (logos détournés, bannières...) et surtout incite les internautes à « hacker » l'espace conversationnel de Nestlé, notamment la page Facebook. L'utilisation par nombre d'entre eux du logo détourné comme image de profil, et le fait que les échanges aient lieu sur le « mur » de la page Facebook du Nestlé plutôt que dans un espace de discussion spécifique donnent aux messages une visibilité inespérée.

La capacité de mobilisation rapide des internautes pour une cause... et la rapidité d'oubli ?

Le film publié sur YouTube a été visionné des centaines de milliers de fois en seulement quelques heures. Sans compter le phénomène de diffusion, qui fait que ce même film a été repris des dizaines de fois sur d'autres sites de partage de videos.

Cette rapidité de mobilisation est l'une des grandes caractéristiques des crises sur les réseaux sociaux. En quelques années, l'unité de temps est passée de la journée ou de la demi-journée (le JT du soir, le journal du lendemain) à la quasi-instantanéité.

Mais cette capacité de mobilisation a une contrepartie : la capacité d'oubli ! Ou, plus exactement, la capacité qu'ont les internautes de passer d'un sujet à l'autre. L'implication pour une cause, quelle qu'elle soit, peut être extrêmement variable et parfois s'avère très légère : il est plus facile de « liker » sur Facebook une cause que de manifester en plein hiver ! Néanmoins, si la raison d'une mobilisation peut être facilement « oubliée » de la part des internautes, la crise qu'elle a pu occasionner laisse des traces visibles sur le réseau pendant des années.

La violence des propos

Une des caractéristiques d'internet se situe également à ce niveau. Il suffit de balayer les commentaires sur les blogs pour se rendre compte à quelle vitesse les propos dégénèrent et peuvent devenir violents. Cela tient sans doute à la confusion qui consiste pour beaucoup à considérer les réseaux sociaux comme des espaces privés (les récentes jurisprudences ont confirmé le contraire).

> **Exemple**
>
> **Internet et les trolls**
>
> Dans le langage « internet », les trolls sont des personnes qui interviennent dans des forums ou des discussions en ligne uniquement pour y créer le désordre. Pour cela, le troll prendra un malin plaisir à poster des commentaires exagérés, à faire référence à des thèmes qui n'ont rien à voir avec le sujet, à injurier des intervenants…
>
> Les trolls, par leurs interventions provocantes, peuvent mettre les nerfs d'un modérateur à rude épreuve et pour peu que le caractère « troll » de l'intervention ne soit pas perçu, cela peut faire dégénérer une discussion et amener les représentants de l'entreprise à tenir des propos inconsidérés (pour le plus grand bonheur du troll…). Or, sur internet, tout reste…
>
> La leçon à retenir peut tenir en quelques lettres, souvent rencontrées sur les médias sociaux : DFTT (*Don't Feed The Troll* – ne nourrissez pas le troll).

La lourde responsabilité des « community managers »

Cette crise révèle au grand jour le rôle crucial des community managers. Souvent recrutés avant tout pour leurs connaissances techniques des réseaux sociaux, ils n'en sont pas moins des porte-parole « officiels » de la marque. Et cela d'autant plus lorsqu'ils s'expriment sous le nom de la marque (ce n'est pas Jean, Paul ou Pierre qui parle sur le mur Facebook de Nestlé mais bien « Nestlé »).

L'attraction des médias traditionnels

Si les médias sociaux ont joué un rôle majeur dans le développement de cette histoire, ce sont néanmoins les médias traditionnels qui l'ont mise sur le devant de la scène ; particulièrement CNN qui dès le 20 mars publiait une information sur le « faux pas » de Nestlé sur les médias sociaux.

Ce recours aux médias traditionnels était véritablement un objectif majeur de Greenpeace qui, tout au long de l'histoire, ne cessera de communiquer en direct vers les médias et les agences de presse.

L'inversion du rôle de la victime

Enfin, ce qui caractérise cette histoire c'est le retournement des rôles en cours de route. Alors que c'est bien Nestlé qui est victime de l'action de Greenpeace – qui l'agresse sur son image et son produit – l'association écologiste va rapidement inverser les rôles. Voilà que Greenpeace devient la victime de Nestlé. Pour cela, il a juste suffi de provoquer le géant de l'agroalimentaire afin de le pousser à la faute.

Cette inversion des rôles n'est pas l'exclusivité des médias sociaux, mais elle s'affirme comme l'une des marques de fabrique des crises dans cet environnement.

Pour conclure sur cette crise, comme le souligne Clay Shirky[1], dans son ouvrage *The Power of Organizing without organization* on peut sans doute se poser des questions sur l'éthique et la pertinence d'une telle utilisation des médias sociaux. Mais quoi que l'on puisse en penser, ce que démontre avant tout cet exemple, c'est qu'aujourd'hui nous sommes tous connectés les uns aux autres. Et cela se constitue et se développe sans que nous ayons forcément conscience de toutes les implications de cette nouvelle situation. Les profils de Facebook, les films YouTube, les tweets postés… rendent publics des pans entiers de notre vie. Avec pour conséquence immédiate la possibilité pour un évènement de passer d'un statut local à une visibilité mondiale en un clin d'œil, grâce à la mobilisation quasi instantanée d'un groupe de personne.

De la crise potentielle au risque permanent

Le (presque) bon vieux temps

En termes de gestion de crise, il y aura véritablement un « avant » et un « après » l'émergence des réseaux sociaux. Avant que le phénomène des réseaux sociaux ne se développe, l'évènement à l'origine de la situation de crise – accident, incident… – restait certes la plupart du temps inattendu, mais le développement de la crise s'avérait éminemment prévisible.

Dans un balai quasiment immuable apparaissaient successivement les médias dits « chauds » (agences de presse, radios, télévisions), les quotidiens puis les hebdomadaires et, selon les cas et la gravité, intervenaient les partenaires sociaux, les riverains, les politiques… Les médias, au centre de ce processus, jouaient un rôle fondamental puisque, selon

---

1 *The Power of Organizing without Organizations*, Penguin Book, p 11.

la façon dont l'affaire était présentée, ils déterminaient en grande partie les stratégies de communication des différents acteurs. Le rôle de la communication de crise, dans ce contexte, consistait principalement à anticiper les différentes étapes et à développer des discours positifs susceptibles d'être repris par ces médias. Le savoir-faire du communicant reposait alors essentiellement sur sa maîtrise de l'évolution de ce processus et sa capacité d'anticipation.

Cette approche de la communication de crise n'a bien entendu pas vocation à disparaître ; cependant, si elle reste nécessaire, elle n'est plus pour autant suffisante.

Anticipation, respect, éthique : des fondamentaux permanents

Avant de parler des changements, il est important de rappeler que la communication de crise est avant tout une posture et un état d'esprit. Et là, quelles que soient les évolutions des technologies de la communication, certains principes majeurs restent inchangés.

L'indispensable anticipation

Aujourd'hui il paraît inconcevable qu'une entreprise ou une institution n'ait pas défini de procédures de crise, et de communication de crise, au moins sur les risques potentiels les plus « prévisibles » de son activité : un crash pour un transporteur aérien, une intoxication bactérienne pour une entreprise agroalimentaire, un incendie ou une pollution accidentelle pour un industriel, une tempête de neige pour un aéroport, etc.

De fait, l'absence d'anticipation apparaît comme une faute auprès de l'opinion puisque le risque était connu, car intimement lié à l'activité. Cela comprend bien évidemment, la préparation des outils de communication *ad hoc* : questions/réponses, argumentaires, communiqués de presse...

Le respect et la compassion

David Ogilvy, le fondateur de l'agence éponyme a eu ce mot délicieux dans les années 50 : « Le consommateur n'est pas stupide, c'est votre femme ». Même si la citation peut paraître datée, elle n'en reste pas moins toujours aussi vraie. En période de crise, où les tensions sont exacerbées, toute action qui démontrerait une absence de prise en compte de l'autre – et en particulier de la victime potentielle – vient immédiatement envenimer la situation.

Ainsi, régulièrement, les premiers griefs que l'on entend de la part de voyageurs bloqués pour des raisons diverses dans des trains ou dans des aéroports c'est : « on ne nous a donné aucune explication », « on ne s'est pas occupé de nous »…

À l'inverse une prise en compte immédiate et responsable du problème parvient, si ce n'est à résoudre la situation, tout au moins à la temporiser. En effet, ce n'est que lorsque l'aspect « émotionnel » de la situation aura été géré, que la relation entre l'institution et ses publics concernés par la crise pourra être constructive et tendre vers une résolution.

Avis d'expert

Xavier Moisant, Créateur de Gobilab, créateur du blog « Train-Train quotidien[1] »

La grande majorité des crises sur internet apparaissent tout simplement parce que la marque n'a pas su prendre en compte l'expression d'insatisfaction de ses clients. Le blog « Train Train Quotidien » qui raconte les vicissitudes des voyageurs de la ligne « Le Havre – Rouen » est ainsi né de l'énervement croissant face aux retards répétés. Mais ce qui a surtout fait son succès c'est « l'autisme » de l'institution face à cette manifestation de mécontentement. Pire, lorsqu'un des membres s'est amusé à détourner le logo de la SNCF en SNTR (Société nationale des trains en retard), la société a eu pour unique réaction de menacer l'hébergeur du site pour lui faire retirer cette image. Non seulement cette approche était éminemment discutable d'un point de vue juridique, mais surtout elle a immédiatement été stigmatisée par les internautes comme une tentative de censurer la contestation. En quelques jours, le blog qui n'était connu que des utilisateurs de la ligne, est devenu l'emblème de l'expression du consommateur sur internet. Grâce à une réaction maladroite de la SNCF, un sujet sensible s'est transformé en crise.

La clarté, l'éthique et l'honnêteté

S'il y a un moment où il est tout particulièrement nécessaire d'adopter une position claire et de faire attention à ses principes éthiques, c'est bien en situation de crise.

---
1 http://traintrainquotidien.wordpress.com/

Le moindre faux pas ou action qui peut donner l'impression de vouloir tenter de manipuler son auditoire se révèle immédiatement destructeur pour l'image de l'institution. Si la tentation est assez faible dans le monde « réel », la fausse impression d'anonymat donnée par internet peut amener quelques apprentis sorciers à s'essayer à la manipulation sous prétexte « d'influence ».

Or il faut bien avoir en tête que l'anonymat sur internet est un leurre. D'un point de vue technique, il ne faut que quelques minutes à un internaute un peu dégourdi pour retrouver l'origine d'un commentaire sur un blog ou d'une modification faite sur un site collaboratif, quand ces commentaires ne sont pas faits de façon si grossière que leur origine en devient évidente…

Attention, en ces périodes de crises, où l'institution se trouve chahutée, la tentation peut être forte d'utiliser des méthodes « à la marge ». D'autant plus que certaines officines n'hésitent pas à proposer dans ces moments-là leurs services. Et voilà que l'entreprise passe de la communication à la manipulation, et parfois même du légal à l'illégal. Cela peut aller du montage d'opérations dites « d'influence » sur le web (faux avis positifs, dénigrement du concurrent, création de de faux groupes de soutien pour se défendre dans une situation de crise) à des activités carrément illégales avec pour objectifs la surveillance d'opposants (obtention d'informations confidentielles, écoutes, intrusion dans des systèmes informatiques…).

Non seulement ces moyens sont malhonnêtes, mais bien souvent ils sont proposés par des cabinets soit disant « d'intelligence économique » dont les activités illégales vendues à des tarifs prohibitifs ont pour seuls résultats de salir encore plus l'image de leur client.

Exemple

Récemment quelques grandes entreprises se sont faites prendre à ce petit jeu et s'en mordent les doigts. Ainsi, le responsable du service de « sécurité » d'EDF s'est récemment retrouvé en examen pour avoir tenté d'espionner les ordinateurs de Greenpeace et la société a été condamnée à 1,5 million d'euros pour « espionnage informatique » le 10 novembre 2011.

Ce qui change : les amis de mes amis... sont très nombreux !

Si quelques fondamentaux perdurent, néanmoins avec l'émergence de l'internet et des médias sociaux, il faut bien avoir conscience que la situation a fondamentalement évolué, principalement à cause des caractéristiques intrinsèques offertes par le web 2.0 : capacité de mobilisation et grande rapidité de circulation de l'information.

Un réseau de plus en plus représentatif

Il y a aujourd'hui en France plus de 39,5 millions d'internautes[1] sur une population totale de 62 millions de personnes, soit une croissance de 3 millions d'utilisateurs du réseau en un an principalement portée par les « *silver surfers* », les CSP- et les femmes. En effet, depuis quelques années, la tendance est à un vieillissement de l'âge moyen du surfer numérique.

Un internaute sur dix a plus de 65 ans et trois sur dix plus de 50 ans. Selon Médiamétrie la population des *silver surfers* devient telle que l'on ne peut plus parler de fossé générationnel entre utilisateur et non utilisateur d'internet.

Tour à tour moyen d'information, média, plateforme de divertissement, zone d'échange... internet devance désormais la télévision en temps passé chez les cadres et les jeunes (12 – 17 ans[2]). Une partie non négligeable de ce temps est désormais consacrée aux réseaux sociaux sur lesquels 36 % des internautes se sont rendus (un chiffre en hausse de 20 points entre 2009 et 2010 !).

Bref, internet joue désormais un rôle prépondérant dans la vie des Français, c'est une évidence.

Un effet de levier immédiat

La force du web relationnel et des médias sociaux réside avant tout l'accès immédiat dont dispose chaque internaute à un nombre impressionnant de personnes.

---
1 Source : Mediamétrie, août 2010.
2 Source : Credoc, décembre 2010.

Explain and Send Screenshot
Vous êtes situé(e) au centre de votre réseau. Vos relations peuvent vous présenter à 4 383 400 + personnes

①	**Vos relations** Votre premier cercle : vos amis, collègues et relations proches	207
②	**Contacts de niveau 2** Les contacts directs de vos relations : chacun est relié à vous par une de vos relations	57 100+
③	**Contacts de niveau 3** Contactez ces personnes par le biais d'une de vos relations et de l'un de ses contacts directs.	4 326 000+
	Nombre de personnes auxquelles vous pouvez être présenté(e)	4 383 400+

12 979 nouvelles personnes dans votre réseau depuis le 29 septembre
http://www.linkedin.com/network?trk=hb_tab_net

Figure 1.1 – L'étendue des relations sur un réseau social

La **figure 1.1** démontre immédiatement l'effet de levier offert par un réseau professionnel. À eux seuls, les « amis de mes amis » représentent plus de 57 100 individus. Une information transmise aux personnes du « premier cercle » (ne serait-ce que par un message publié sur LinkedIn) touche donc immédiatement 207 personnes. Cette croissance exponentielle à chaque passage de niveau, correspond un peu à une onde de choc qui se développe en progressant.

Le graphe de la **figure 1.2** sur les relations de l'auteur permet de percevoir les effets de la densité des réseaux. Dans certaines zones, on observe clairement des univers où les interconnexions sont très fortes entre les membres. Une information y circulera de façon extrêmement rapide puisqu'elle sera susceptible d'être relayée de multiples façons. À l'inverse, certaines zones sont peu connectées entre elles ; l'information y circulera moins bien puisque chacune des personnes ne reçoit l'information que d'une seule source.

1. Un changement majeur de paradigme

Figure 1.2 – Visualisation de la densité d'un réseau

Puissance = énergie x temps

Les réseaux sociaux et les sites collaboratifs jouent désormais un vrai rôle de média à part entière. Le web offre en effet, deux avantages énormes en termes de diffusion de l'information : la quasi-instantanéité (une information peut être publiée, diffusée, partagée en quelques clics de souris) et l'universalité (chaque information est immédiatement accessible de partout dans le monde). À l'inverse, les médias « traditionnels » sont généralement tributaires de contraintes techniques (périodicité, organisation interne…) et ne sont diffusés que dans une zone spécifique assez bien délimitée (qui peut être plus ou moins large).

Grâce aux technologies du web 2.0, il suffit de quelques heures (minutes ?) pour rallier plusieurs milliers de personnes à sa cause. Et il est extrêmement difficile d'anticiper les actions éventuelles que vont décider de mettre en place ces communautés. Un message sur la page Facebook d'une communauté et voilà plusieurs dizaines de personnes qui se retrouvent à manifester devant le siège social d'une entreprise.

> **Exemple**
>
> **Hadopi et les fausses pétitions**[1]
>
> Lors des débats autour de la loi dite Hadopi, le recours à des pétitions a été souvent utilisé comme moyen de pression. Notamment, la Sacem a présenté une pétition censée rassembler « 10 000 artistes en faveur de la loi Hadopi ». De même, en septembre 2010, une pétition de 300 réalisateurs soutenant le rapport de la députée européenne Marielle Gallo en faveur également de Hadopi a été remise aux eurodéputés par l'Association de producteurs de cinéma et de télévision.
>
> Dans chacun de ces cas, en quelques heures, des associations telles que la Quadrature du Net, Nurpa, le Parti pirate, etc. ont spontanément coopéré afin d'enquêter et de vérifier les signatures, explique Fabrice Epelboin, dans ses « Chroniques de l'Infowar[2] ».
>
> Et rapidement de nombreuses anomalies sont apparues : signataires décédés depuis plusieurs années, artistes réfutant avoir signé de telles pétitions, signataires de pays étrangers n'ayant rien à voir avec le sujet... Non seulement les pétitions ont été discréditées mais leurs auteurs sont apparus comme des manipulateurs.

Crise de communication : la crise sans crise !

La deuxième grande révolution apportée par le web 2.0 dans la gestion de crise, provient du risque intrinsèque généré par cette nouvelle technologie. Désormais, le web devient une source de crise à part entière, voire quasi permanente sur certains sujets « chauds ».

L'origine de la crise, autrefois liée à un incident, un accident (explosion, problème de production, problème de qualité...) ou à des mouvements sociaux, peut désormais se référer à des éléments beaucoup plus flous et subjectifs (politique environnementale, gestion de fournisseurs, politique sociale...). Certes, ce phénomène n'est pas nouveau – on se rappelle de Philip Knight, le PDG de Nike pris à partie par Michael Moore sur les conditions de travail des ouvriers en Chine – mais il tend à se multiplier grâce à la puissance de communication offerte par le web 2.0. En effet, en favorisant et facilitant la réunion de personnes ayant des intérêts communs le web 2.0 permet très facilement la constitution de communautés de taille importante autour d'un sujet de préoccupation

---

1 *Le Monde*, « Le rapport Gallo sur le droit d'auteur adopté par le Parlement européen », 22 septembre 2010.
2 « Chronique de l'infowar, Rapport Gallo : la pétition bidon des lobbies », Fabrice Epelboin.

spécifique, qu'il s'agisse de valeurs, de critères éthiques ou de méthodes de travail.

Avis d'expert

Jean-Pierre Beaudoin, Président, groupe i&e

Le web 2.0 représente-t-il un nouveau risque pour les entreprises ?

La montée en puissance de l'internet comme moyen de communication, puis celle des pratiques très ouvertes et interactives du web 2.0, témoignent d'une évolution de la société. Une technique ne « prend » dans la société que si elle permet à celle-ci de réaliser une aspiration. En l'occurrence, l'aspiration de se constituer en groupe social à sa propre initiative au lieu d'avoir à s'inscrire dans des structures « imposées ». Ces techniques ne créent pas un nouveau risque d'opinion, mais permettent à ce risque, bon ou mauvais, de se configurer de manières très fluides et nouvelles, qui paraissent parfois difficiles à saisir. Les « vieilles » techniques de classification de la société, par exemple les « CSP », ne rendent plus compte des fonctionnements nouveaux. L'internet nous permet de développer des moyens d'analyse de l'opinion en même temps qu'il ouvre à l'opinion des moyens d'expression nouveaux.

Quels sont les changements majeurs initiés par l'émergence du web 2.0 ?

Ce que les moyens de l'internet changent, c'est la vitesse et la distance. Un message peut toucher un nombre potentiellement illimité de personnes avec une quasi-instantanéité, et indifféremment à la géographie. La « synchronisation des émotions » (Paul Virilio) est le produit de cette situation. Voyez, par exemple, la synchronisation des « indignés ». Naturellement, ces caractéristiques sont puissantes en cas de crise. Autant pour alerter une opinion mobilisable que pour traiter le sujet sensible lorsqu'il s'exprime.

Comment les entreprises peuvent-elles s'organiser face à cela ?

Dans un tel contexte, les organisations doivent bien entendu repenser leurs dispositifs de communication avec leurs publics. Ce ne sont pas les techniques en soi qui sont des réponses. Faire du « 2.0 » parce que c'est la mode n'est jamais la bonne réponse. C'est d'abord à une nouvelle compréhension de la manière dont les publics s'organisent qu'il faut arriver. Autour de deux caractéristiques : plus que jamais, le centre du monde est ailleurs. Le centre de l'opinion, ce sont des publics. On ne peut plus se considérer comme centre de décision sans comprendre cela. Ensuite, les logiques de société l'emportent de plus en plus sur les

»

>> logiques de marchés. Le marché est une des formes d'expression de la société. Qu'il s'agisse de marché des produits et services, de marché de l'emploi ou de marché financier. Une bonne lecture de cette réalité de l'opinion permet de faire des choix pertinents quant aux moyens et techniques de communication adaptés à chaque cas. La boîte à outils est vaste, mais c'est le bon ouvrier qui fait le bon travail.

L'essentiel

- ▶▶ **Le grand nombre** d'internautes – à tous les niveaux de la société – et le succès du web collaboratif facilitent la création de communautés, la diffusion de l'information, et créent ainsi de nouveaux risques de crise pour les entreprises.

- ▶▶ **Les nouveaux médias** sociaux induisent des comportements et des usages très spécifiques ; si les entreprises ne les respectent pas, elles risquent d'initier involontairement de nouvelles crises, ou d'envenimer des crises existantes.

- ▶▶ **Internet** ne doit pas être perçu comme un espace « à part » mais bien comme un lieu d'expression « officiel » de l'entreprise ; le community manager est un porte-parole à part entière de l'entreprise auprès de ses communautés.

Chapitre 2

La communication asymétrique ou crise 2.0

Executive summary

▶▶ **Le web 2.0** favorise un nouveau type de communication : la communication asymétrique.

▶▶ **Alors que les entreprises** et les institutions sont habituées à des méthodes de communication « traditionnelles » utilisant des canaux bien identifiés (médias, affichage, tracts…) vers des cibles précises (clients, pouvoirs publics…), la communication asymétrique s'appuie sur la puissance du web 2.0 pour atteindre directement l'opinion publique.

▶▶ **La communication asymétrique**, fondée sur des principes simples, permet ainsi à des organisations ou des groupes d'internautes disposant de moyens au départ faibles de menacer durablement l'image ou la réputation d'une entreprise.

2. La communication asymétrique ou crise 2.0

Un peu de géométrie de la confrontation

La notion d'asymétrie connaît son heure de gloire, principalement dans le domaine militaire, depuis que les pays occidentaux se trouvent confrontés à des conflits pour lesquels leurs armées ne s'étaient pas préparées (Afghanistan, Irak, Liban…). Or, il est étonnant de constater à quel point les caractéristiques de ces nouveaux terrains d'affrontements présentent d'importantes similitudes avec ceux rencontrés par les entreprises sur le web 2.0.

D'une façon générale, les environnements dans lesquels les entreprises communiquent peuvent être classés selon 3 grandes catégories : symétriques, dissymétriques, asymétriques.

Symétrie : que le meilleur gagne

La notion de « communication symétrique » se réfère à l'opposition entre deux entreprises, entités… de taille équivalente selon des méthodes communes et clairement définies. Non seulement elles disposent de moyens et ressources quasiment similaires (budgets équivalents, mêmes accès aux médias…), mais elles respectent aussi des règles communes, plus ou moins tacites, élaborées au sein des associations professionnelles dont elles sont membres. Au final, la différence se fait essentiellement au niveau tactique et sur la capacité à maximiser l'effet des ressources et outils disponibles.

Par exemple, ce pourrait être la guerre publicitaire que se livrent les grands distributeurs (Auchan, E. Leclerc, Carrefour, Intermarché…) ou les grandes marques (Nestlé, Mars, Danone…). Chacune d'entre elles dispose de budgets quasi équivalents et s'affronte avec des moyens communs (publicité télévisée, merchandising…) sur des marchés hyper réglementés.

Dissymétrie : la loi du plus fort

La situation de dissymétrie, c'est lorsque l'un des acteurs dispose d'un avantage significatif sur l'autre en termes de ressources ou de moyens. Cependant, même si les forces en présence sont inégales, les deux opposants respectent la loi. En revanche, il peut arriver que l'une des entreprises contourne allégrement les règles tacites que le marché s'était fixé. Évidemment, la dissymétrie ne garantit aucunement au plus fort de gagner le combat ; au contraire, celui en position de faiblesse cherchera en permanence de nouvelles stratégies de communication susceptibles de compenser son infériorité.

Dans le secteur de la téléphonie, il existe par exemple, une dissymétrie dans le domaine de la communication entre les grands opérateurs (SFR, Orange, Bouygues…) et d'autres de taille plus modeste (Virgin, NRJ…). Dans une relation dissymétrique, l'avantage ira au plus malin, au plus agile, celui qui sera capable de maximiser au mieux ses atouts. Par exemple, easyJet ou Ryanair, face à Air France, ont développé une communication dissymétrique qui leur assure une visibilité assez importante malgré des investissements publicitaires largement inférieurs. Cependant, easyJet comme Ryanair utilisent des méthodes de communication « traditionnelles » (publicité, relations presse, marketing direct…).

Asymétrie : la fin justifie les moyens

Les situations asymétriques sont celles où l'un des protagonistes cherche à compenser son infériorité de moyens et de ressources en agissant par surprise et en utilisant toutes les possibilités à sa disposition, tout en limitant au maximum les contraintes.

Ce qui caractérise également une situation de communication asymétrique, c'est la différence de nature entre les objectifs politiques/stratégiques/économiques des acteurs en présence.

Alors que dans un environnement « classique » les objectifs sont essentiellement économiques (gagner des parts de marché, accroître ses résultats financiers…), dans un environnement asymétrique, l'objectif principal du « faible » pourra ne pas être du tout économique mais environnemental, sociétal, politique…

Pour compenser son manque de ressources, le « faible », s'efforcera de toujours disposer de l'initiative quels qu'en soient les moyens, alors que le « fort » se trouvera dans une situation défensive complexe, du fait du respect de contraintes légales auxquelles il ne peut déroger et d'une image qu'il doit préserver.

Les caractéristiques de l'asymétrie en communication

Les stratégies de communication asymétrique ont pour principal objectif de stigmatiser le comportement d'une institution (entreprise, organisation gouvernementale, association…) sur des sujets précis.

2. La communication asymétrique ou crise 2.0

Mais à la différence d'une approche « traditionnelle », la cible de l'action ne sera plus les clients ou les pouvoirs publics, mais l'opinion publique. En effet, le choix d'une communication asymétrique résulte souvent, de la part de celui qui s'exprime sur la cause, d'un manque de moyens et/ou de crédibilité qui le rend *de facto* inaudible auprès des médias traditionnels. Pour contourner ce handicap, la stratégie consiste alors à compenser ce manque par la masse. Il s'agit alors de faire la course pour obtenir le plus rapidement possible le soutien du plus grand nombre de personnes. Ce support massif permettra alors de faire pression sur l'environnement immédiat de l'institution et donc de la contraindre à changer de comportement et/ou à faire amende honorable.

Cette méthode s'avère souvent efficace car les institutions sont pour la plupart complètement désemparées face à ces attaques qui sont en dehors de leur mode de fonctionnement traditionnel. En effet, la plupart des entreprises sont « programmées » pour communiquer vers leurs clients et les « leaders d'opinion » sur des sujets liés à leurs produits. Or, ne percevant pas immédiatement l'impact potentiel de cette communication sur leur fonctionnement, celles-ci ont pour premier réflexe d'ignorer la situation. Jusqu'à ce que le phénomène prenne une telle ampleur qu'elles se rendent compte – parfois un peu tard – du risque nouveau qui se développe.

Si les stratégies de communication asymétrique ne sont pas vraiment nouvelles, en revanche leur développement a été considérablement simplifié depuis l'avènement du web. En effet, jusqu'à l'apparition de l'internet et du web 2.0, la mobilisation de l'opinion – traditionnellement *via* les médias – demandait d'importantes ressources (temps, personnes, moyens de communication...) et un réel savoir-faire. Il fallait savoir s'adresser aux médias en respectant leurs codes et modes de fonctionnement (lire à ce sujet le fameux *Guide de l'activiste pour exploiter les médias*[1], qui, quoiqu'assez ancien, reste d'une actualité criante).

Le web 2.0 a complètement bouleversé cela. Les outils de l'internet, les réseaux sociaux, blogs etc. permettent désormais de toucher directement l'opinion sans forcément être obligé de passer par un relais médiatique (même si celui-ci peut s'avérer extrêmement utile, voire décisif dans la défense d'une cause).

---

1 George Monbiot, *An activist's guide to exploiting the media*, http://www.worldcarfree.net/resources/freesources/activist.htm

Asymétrie et guérilla : cousins un peu éloignés

La notion de « guérilla » a été reprise par le marketing et la communication dans les années 80. En 1984, Jay Conrad Levinson[1] publiait *Guerilla Marketing* qui formalisait pour la première fois ce concept : mener des opérations de marketing de façon non-conventionnelle avec un très petit budget.

Au niveau de la communication, le concept a été beaucoup moins utilisé et en tout cas peu formalisé. Néanmoins, sur la base de l'approche de J. C. Levinson, certaines agences de communication proposent ainsi de la « *guerilla communication* », c'est-à-dire de développer pour leurs clients des techniques de communication originales à faible budget.

Il est intéressant de noter qu'avec le temps, la notion de « faible budget » a été quelque peu éclipsée (est-ce sous l'impulsion des agences de communication…) pour se focaliser sur l'approche « originale » avec deux sous-catégories : le *street marketing* (marketing de rue) et le *buzz marketing/communication* (marketing/communication viral).

Cependant, s'il peut y avoir quelques similitudes de moyens entre la « communication asymétrique » et la « guérilla communication », l'approche est cependant complètement différente. La guérilla est avant tout un moyen d'action qui est le plus souvent exercé vers une cible marketing identifiée (clients, prospects…) en complément ou non d'autres techniques de communication. Par exemple, il peut s'agir d'annoncer une distribution de billets de banques (Rentabiliweb en novembre 2009), ou de réaliser un film viral original (Dove avec le film « Matraquage », par exemple). Il existe également dans la guerre permanente qui oppose Coca-Cola à Pepsi-Cola quelques exemples croustillants de « guérilla marketing », mais ce type d'action est assez limité en France du fait de la législation contraignante sur la publicité comparative.

Certains acteurs du web 2.0 ont récemment développé le concept de l'Open Source Guérilla. Selon Fabrice Epelboin, directeur du site ReadWriteWeb, ce concept peut se définir de la façon suivante[2] :

« [La guérilla open source c'est] une infowar où les armes sont l'information et les milles et une techniques pour la diffuser. Ce n'est pas (sans pour autant l'exclure) une cyberwar, c'est tout autre chose : là où la cyberwar est un sport d'élite, l'infowar, elle, est en passe de devenir une activité populaire. Twitter, Facebook ou les blogs : les gentils outils "web 2.0" d'hier sont les armes de l'infowar d'aujourd'hui. Accessibles à tous, nombreux sont ceux qui savent s'en servir avec finesse. »

Tout comme le combat asymétrique, la communication asymétrique s'organise autour de principes simples qui en font toute l'efficacité.

---

1 Jay Conrad Levinson, Houghton Mifflin, *Guerilla Marketing*, 1984.
2 http://fr.readwriteweb.com/2011/01/02/a-la-une/chroniques-de-linfowar-2010-de-hadopi-wikileaks-ebook/

2. La communication asymétrique ou crise 2.0

C'est qui le chef ? L'organisation sans structure

Avant le développement massif d'internet, les communautés d'intérêts étaient « physiques », soit localisées géographiquement (communauté de riverains par exemple), soit fédérées dans une structure identifiable (association loi 1901 notamment en France). Le recrutement de membres s'avérait coûteux, si ce n'est financièrement (il fallait disposer de ressources minimum, ne serait-ce que pour éditer les prospectus et les affiches), au moins en temps. De plus, le temps nécessaire à la structuration du mouvement et à la mobilisation des membres permettait dans la plupart des cas à l'institution « cible » d'identifier le risque de crise et de se préparer à y répondre.

L'explosion du web 2.0 et la mise à disposition d'outils puissants tels que les réseaux sociaux, les blogs, les sites de partage… ont bouleversé la donne. Il est désormais possible de fédérer en quelques minutes/heures un groupe de personnes autour d'un leader de façon purement conjoncturelle. Et si la cause mobilise assez de monde, elle peut tout à fait subsister et se développer quand bien même le leader à l'origine du projet cesse ses activités. C'est le cas par exemple de 4chan ou de Wikileaks, le site spécialisé dans la révélation de documents confidentiels. Même après l'arrestation de Julian Assange, son fondateur, le site a continué à fonctionner et à recevoir des contributions.

> **Exemple**
>
> **4chan, un site « sulfureux »**
>
> Créé en 2003 par Christopher Poole, 4chan est un forum constitué d'image boards, c'est-à-dire de fils de news permettant à l'origine le partage d'images, alimentés par les internautes sur des sujets les plus divers (classés en 42 catégories).
>
> Mais si le principe de 4chan est assez simple, c'est surtout son mode de fonctionnement qui a fait son succès : anonymat, absence d'inscription et faible durée de vie des sujets (les fils de discussion sont automatiquement effacés lorsqu'un nombre maximum de réponses a été atteint ou en l'absence de contributions pendant une période donnée).
>
> Les caractéristiques de 4chan en ont fait le point de ralliement des anarchistes, farceurs et opposants en tout genre qui peuvent s'exprimer en toute impunité, aucun sujet n'étant interdit (sauf la pédopornographie). 4chan s'est récemment illustré dans plusieurs affaires grâce à sa capacité à rassembler en quelques

> instants toute une communauté autour d'une cause commune, et surtout à « punir » les fautifs. Un des derniers faits d'armes de la communauté 4chan est d'être à l'origine de la publication sur le site de CNN d'une fausse information annonçant la mort par abus de cocaïne du PDG d'AT&T. Cette « blague » avait été faite en rétorsion de la décision d'AT&T d'interdire l'accès à 4chan à ses clients. Finalement, AT&T a plié et restauré l'accès au site.
>
> Certaines actions des communautés 4chan peuvent s'avérer beaucoup plus violentes et parmi les victimes de farces plus ou moins drôles (depuis la commande de milliers de pizzas au domicile de la cible, jusqu'au harcèlement téléphonique, saturation des comptes Facebook, menaces de mort par mail, etc.) il y a eu non seulement Mary Bale, une anglaise qui avait mis un chat dans une poubelle (été 2010), mais également Jessi Leonhardt, une enfant de 11 ans qui avait eu le malheur de provoquer la communauté.

Les anonymous[1], autre organisation très active du web activiste, sont par essence même non identifiables, et surtout n'affichent aucune structure spécifique. Il s'agit d'un rassemblement de communautés et d'individus qui se coordonnent pour une cause puis se dispersent une fois l'action menée.

Pour une institution, l'impossibilité d'identifier d'où vient la crise s'avère extrêmement déstabilisante et rend bien évidemment le traitement de la crise éminemment plus complexe. Il n'y a plus d'association, de structure claire vers qui se tourner, avec laquelle converser. Sans compter que la plupart des outils du web 2.0 – Facebook, Twitter, LinkedIn, YouTube… – étant basés aux États-Unis, toute tentative d'identification éventuelle de l'origine de l'attaque s'avère dans la plupart des cas complètement vaine, à moins de disposer d'une ordonnance d'un juge justifiant de la nécessité d'obtenir ces données.

Au-delà de l'aspect juridictionnel, il y a également l'aspect technique. Les anonymous, par exemple, utilisent des systèmes de cryptage de données et de protection des flux qui rendent extrêmement complexe toute tentative d'identifier les origines de l'information.

---

1 http://www.whyweprotest.net/

2. La communication asymétrique ou crise 2.0

> **Exemple**
>
> **HSBC face à ses clients étudiants[1]**
>
> En juin 2007, la banque HSBC décide de faire payer un taux d'agios de 9.9 % à ses clients étudiants qui auraient un découvert jusqu'à 1 500 £, alors qu'auparavant elle ne facturait pas ces frais. Ce changement de politique a mobilisé en quelques semaines plusieurs milliers d'étudiants sur Facebook[2] et finalement fait plier la banque qui a renoncé fin août à sa nouvelle politique tarifaire.
>
> Cette mobilisation est sans doute l'une des premières sur le réseau social (qui à l'époque ne comptait « que » 37 millions d'internautes).

Sortir des « règles » : droit, morale et éthique

Dans les relations asymétriques, le « faible » aura plutôt tendance à s'affranchir des contraintes légales, tandis que le « fort » bien souvent du fait de sa structure, de son organisation, de son image, se doit de respecter absolument non seulement la loi, mais également les règles spécifiques à son environnement ou son secteur d'activité.

Le détournement de logo, la parodie de publicité, par exemple, sont des atteintes à la propriété intellectuelle que peuvent se permettre des associations ou des individus pour défendre une cause, ce qu'une entreprise ne pourrait faire en aucun cas.

Cette transgression permet alors au « faible », en sortant des « règles », de compenser son handicap technologique et/ou numéraire et de conserver l'avantage de la surprise.

Pour justifier ces écarts, souvent le Droit – présenté comme le droit « du plus fort », donc non éthique – sera opposé à la morale (fondée sur des préceptes autres, religieux ou « universels » comme les droits de l'homme).

> **Exemple**
>
> **BP : qui pollue les tweets ?**
>
> Sur Twitter, il existe deux comptes BP[3] : l'un intitulé BPGlobalPR (sous-titré BP Public Relations) et l'autre BP_America. Le tweet BP Global PR contrairement à

---
[1] Ce cas illustre une autre spécificité du web : la rémanence. Alors que cette crise a été résolue fin août 2007, elle peut encore être facilement retrouvée sur le web, ainsi que les divers articles de presse qui s'y réfèrent.
[2] http://www.facebook.com/group.php?gid=2371122959&v=info
[3] Données au 28 février 2011.

son descriptif n'appartient pas du tout à BP, mais à un particulier qui l'a ouvert à la suite de la marée noire causée par la plateforme pétrolière DeepWater Horizon.

Ce tweet plutôt humoristique est suivi par plus de 177 000 personnes alors que le tweet « officiel » de BP (BP_America) n'a que 22 000 « followers ». Sans compter que le côté humoristique de BP Global PR doit largement favoriser le phénomène de « retweet », et donc disposer d'une audience totale bien au-delà de ce chiffre ; ce qui doit être moins le cas pour le compte officiel.

La question principale est que peut faire BP face à cette situation ? Les responsables de la communication de BP n'ont pas demandé la fermeture de ce compte – ce qui aurait été dévastateur en termes d'image ! – mais ont cependant imposé que le compte indique clairement qu'il ne s'agissait pas d'un compte BP officiel. Pour obtenir cela, ils ont tout simplement fait référence aux règles de Twitter qui précisent bien : « *Il est interdit d'usurper l'identité d'autres personnes* via *le service Twitter de manière susceptible d'induire en erreur ou tromper* ». D'une façon générale, la lecture des conditions générales des réseaux sociaux, est particulièrement utile (ne serait-ce que pour comprendre les clauses de propriété des éléments mis sur ces réseaux).

La maîtrise technologique et des usages des outils

Une des grandes révolutions initiées par l'ère internet est que, pour la première fois dans l'histoire, les jeunes générations transmettent leur savoir aux « anciens » sur des compétences techniques. D'ailleurs, on oppose souvent les « *digital natives* » (ou génération Y, ceux nés avec internet, c'est-à-dire après 80) aux « *digital immigrants* », c'est-à-dire les personnes ayant dû « apprendre » internet.

De façon étonnante, cette différentiation peut être quelque peu étendue au monde des entreprises, avec une grande majorité des entreprises étant plutôt du côté des *digital immigrants* que des *digital natives*. Plus prosaïquement, les contraintes organisationnelles, légales, budgétaires, sécuritaires… des entreprises, et aussi, le fait que la plupart des dirigeants soient des *digital immigrants*, font que les outils technologiques mis au service des salariés sont souvent une ou deux générations en retard sur ce qui est mis à disposition du grand public.

Ces retards technologiques et conceptuels (combien d'entreprises disposent aujourd'hui de systèmes utilisant les technologies web 2.0 en interne ?) peuvent être handicapants en situation de crise. D'autant plus que les internautes, et particulièrement les activistes, maîtrisent parfaitement ces nouveaux outils.

2. La communication asymétrique ou crise 2.0

Cette parfaite connaissance des outils du web 2.0 et de leurs codes d'un côté, et l'incompréhension voire l'ignorance de ces technologies et de leurs usages de l'autre, deviennent un des principaux risques du développement de crises. Cela est d'autant plus vrai que l'organisation est de grande taille et fortement structurée hiérarchiquement. Les décisionnaires ayant atteint leur poste après une longue carrière au sein de l'institution n'ont en effet pour la plupart découvert les outils du web (internet, mail, réseaux sociaux…) que lorsque leurs subordonnés ou leurs enfants les leur ont montrés. Leur premier réflexe sera alors de reproduire des schémas de communication « traditionnels » face à un risque identifié de crise sur les réseaux sociaux – ce qui peut s'avérer assez catastrophique, les règles d'utilisation étant complètement différentes.

> **Exemple**
>
> Jusqu'ici la gestion de crise se faisait, la plupart du temps, entre « institutions ». L'entreprise s'adressait aux médias, aux pouvoirs publics, aux leaders d'opinion, éventuellement aux associations… pour faire passer ses messages. Très rarement, elle prenait directement la parole vis-à-vis de ses consommateurs (c'est perçu comme le rôle du service client). Le web 2.0 remet en cause, par son fonctionnement, cette notion d'« experts », d'« institutions » et requiert à l'inverse de s'adresser en priorité à ses communautés en direct.

La rapidité de décision

La notion de rapidité est l'un des éléments essentiels des situations asymétriques. Tout d'abord, cela se situe au niveau de la chaîne de décision. Dans le cas de structures « organisées » et complexes, la chaîne de décision est à l'image de l'organisation avec une multitude de niveaux et d'intervenants. À l'inverse, les associations, les groupes activistes, les communautés du web disposent de chaînes de décision extrêmement courtes, du fait de l'absence d'échelon hiérarchique (généralement il y a une structure à plat avec un leader, éventuellement des leaders locaux qui répercutent les instructions, et des membres).

Cette absence d'échelon hiérarchique offre un autre avantage majeur : elle permet à l'information de circuler bien plus efficacement au sein de la structure. La capacité d'apprentissage et d'adaptation de l'organisation s'en trouve alors démultipliée. Du côté des institutions plus complexes, il y a également une réelle capacité d'apprentissage mais elle est beaucoup plus formalisée, structurée et donc lente.

Bien entendu, les institutions peuvent être tentées de simplifier leurs structures de décision, mais alors les différentes procédures de contrôle garanties par les liens hiérarchiques ne sont plus respectées. Avec à la clé, le risque d'accroître encore la crise avec la prise de décisions malheureuses. Les quelques crises récentes nées sur Facebook ou Twitter provenaient avant tout de mauvaises réactions de la part des community managers (soit il n'y avait aucune réponse, soit la réaction était inadaptée dans son ton aux règles usuelles des réseaux sociaux).

Enfin, le web 2.0 offre une rapidité de mobilisation inégalée dans le monde « réel ». À partir du moment où le rattachement à une cause quelle qu'elle soit se traduit par un clic sur le bouton « J'aime » d'une page Facebook, il devient plus facile de fédérer plusieurs milliers de personnes. Certes, la motivation des adhésions à la cause est sans doute moins importante, mais ne doit pas être négligée. Le bouche à oreille est l'un des puissants moteurs du web 2.0 et aujourd'hui, selon McKinsey[1], internet jouerait le rôle le plus important dans l'évaluation d'un produit par les consommateurs (évidemment, ce pourcentage varie selon les produits ; il est plus fort pour ce qui concerne les voyages et les produits culturels, que pour des actes impliquant comme le choix d'un médecin ou d'une nouvelle voiture).

Exemple

Comment Barbara Streisand[2] est devenue célèbre sur internet

Initialement inventé par Michael Masnick, dans son blog Techdirt en 2003, l'effet Streisand est le phénomène qui consiste à vouloir cacher ou censurer une information sur internet et qui a pour résultat l'inverse : une diffusion encore plus massive de cette information.

Le nom de ce concept vient de la mésaventure arrivée à la chanteuse Barbara Streisand qui avait réclamé en justice 50 millions de dollars à un photographe pour une photo aérienne de sa maison prise sans son autorisation et mise sur internet. Non seulement la chanteuse a été déboutée, mais la publicité faite autour de l'affaire a rendu la photo et le site extrêmement populaires avec plus de 420 000 visites en quelques mois.

---
1 Source : The Consumer Decision Journey, McKinsey, juin 2009.
2 Source : Wikipedia.

2. La communication asymétrique ou crise 2.0

Deception : « paralyser » les systèmes de décision

Dans le monde du renseignement, la notion de « *deception* » consiste à maintenir les centres de décision de l'adversaire sous pression afin de mieux focaliser et/ou détourner leur attention pour favoriser l'atteinte d'un objectif[1]. Une bonne opération de *deception* ainsi non seulement accapare les décideurs sur des problèmes secondaires, mais de plus, peut facilement paralyser le système pour peu que la résolution de ces problèmes nécessite d'importantes ressources ou des prises de décision complexes.

L'efficacité de l'action de *deception* repose alors sur sa capacité à mobiliser un maximum de ressources – humaines, financières – de l'institution par à-coups. Or, ce n'est pas si difficile car, sur le web, la plupart des actions ne nécessitent que peu de ressources pour être mises en place – création d'une page Facebook, envoi de messages sur Twitter, création d'un blog... – alors que la gestion de la crise ainsi initiée nécessitera, elle, la mise en place de structures lourdes (cellule de crise, développement d'argumentaires...). Sans compter que les processus internes des entreprises requièrent que les éléments de communication soient validés non seulement par le responsable communication, mais sur des sujets sensibles, également par le service juridique, le service marketing, la direction..., chacune de ces étapes étant consommatrice de temps.

Inévitablement se posera alors pour l'institution visée la question fondamentale du coût : quels moyens est-elle prête à mettre en œuvre pour gérer la crise ? Car rapidement, il peut être nécessaire de faire appel à des compétences extérieures très coûteuses (avocats, conseils en communication, experts...). Et paradoxalement, les plus grandes compétences ne sont pas forcément en entreprise : certains internautes ont aujourd'hui la capacité de fédérer autour d'une cause spécifique des ressources importantes de façon quasi instantanée ainsi que des experts de haut niveau. Or, ces experts, disposent également du discours scientifique, et peuvent ainsi s'opposer, voire décrédibiliser le discours « officiel » de l'institution. Et voilà le système de décision qui se retrouve de nouveau sous pression : faut-il ou non démentir ? Faut-il ou non se lancer dans une bataille d'experts ? Les propos tenus peuvent-ils être qualifiés de diffamatoires ? Quels sont les risques à attaquer en justice ?

---

1 « Menaces asymétriques », article du lieutenant-colonel Didier Simon, publié dans le numéro 9 de la revue *Doctrine*.

Pousser à la faute : la recherche de la victimisation

Pour celui qui choisit de communiquer de façon asymétrique, la cible directe n'est pas l'entreprise, mais son environnement et, surtout, l'opinion. C'est la capacité à mobiliser ou non l'opinion sur telle ou telle cause qui au final déterminera le succès ou l'échec de l'opération.

L'un des moyens généralement utilisé par les activistes consiste à pousser « à la faute » l'institution en l'amenant à sur-réagir au problème à travers des actions disproportionnées. La médiatisation de l'écart entre l'action initiale et la réaction de l'institution permettra alors de se faire passer pour une victime de la « grande entreprise ». Or, en France, nous avons spontanément tendance à nous placer du côté du faible plutôt que du fort ; cela est également vrai pour les médias.

Exemple

Ce type de stratégie est fréquemment utilisé par Greenpeace lors de ses campagnes. Dans le cas KitKat évoqué plus haut, la démarche suivie souligne bien l'asymétrie de l'action : plutôt que de s'attaquer aux producteurs indonésiens d'huile de palme, véritables auteurs de la déforestation, Greenpeace choisit de cibler Nestlé à travers la mobilisation de l'opinion sur cette problématique *via* le web. La raison en est simple : la marque « Nestlé » est bien plus mobilisatrice pour le grand public que « Sinar Mas » (un des grands producteurs d'huile de palme indonésien). Et pour accélérer cette mobilisation, la stratégie retenue sera de faire sur-réagir Nestlé, notamment à travers la réalisation du film parodiant la publicité KitKat.

L'association Greenpeace adoptera la même démarche quand elle s'en prendra quelques mois plus tard à Mattel en créant un faux film mettant en scène Ken (objectif : faire que Mattel cesse de s'approvisionner en papier auprès d'un fabricant responsable, selon l'organisation, de la déforestation indonésienne) ou à Volkswagen en parodiant sa dernière publicité pour la Passat qui utilise les codes du film « La guerre des étoiles ». (Dans ce dernier cas, le groupe automobile tentera de faire interdire ce détournement *via* Lucasfilm, détenteur des droits de ce film, mais ce sera un échec, George Lucas étant lui-même adhérent de Greenpeace…)

Isoler : parce que seul on est moins fort…

L'idée d'isoler l'adversaire n'est pas nouvelle. Au VIe siècle avant Jésus-Christ, le philosophe chinois Sun Tzu, dans *L'Art de la Guerre*, recommandait déjà cette stratégie :

> « Les grands généraux viennent à bout de l'ennemi en découvrant tous ses artifices, en faisant avorter tous ses projets, en semant la discorde parmi ses partisans, en les tenant toujours en haleine, en empêchant les secours étrangers qu'il pourrait recevoir, et en lui ôtant toutes les facilités qu'il pourrait avoir de se déterminer à quelque chose d'avantageux pour lui. […] Attaquez le plan de l'adversaire au moment où il naît. Puis rompez ses alliances. Puis attaquez son armée. »

Dans le cadre de la communication asymétrique, le principe d'action consiste à désolidariser les alliés déclarés ou naturels de l'institution ciblée en leur faisant percevoir le danger qu'il pourrait y avoir pour eux et leur réputation à continuer à entretenir des relations avec elle.

Pour cela, les méthodes les plus couramment employées sont dans un premier temps de décrédibiliser l'adversaire, soit en démontrant son « ignominie » soit en prouvant qu'il ment ou tout au moins ne dit pas toute la vérité. Ensuite, il s'agira de faire pression sur les principaux alliés en dénonçant leur « collusion ». Ceux qui tiennent le plus à leur image seront sans doute les premiers à prendre de la distance.

Un environnement plus complexe à appréhender

Pleinement adaptées aux possibilités offertes par le web 2.0, les approches asymétriques en matière de communication sont extrêmement efficaces car elles sortent des schémas traditionnels, attendus des entreprises. Déstabilisées par des attaques soudaines et inattendues, ces dernières ont du mal à évaluer précisément la situation et le risque. De plus, la mobilisation de l'opinion vient rajouter une pression supplémentaire. Tous ces éléments finissent par menacer le fonctionnement de l'entreprise qui ne sait plus comment gérer une situation qui lui échappe de plus en plus.

Avis d'expert

Fateh Kimouche, directeur de la rédaction, Al-Kanz

Quels sont selon vous les impacts du web 2.0 sur les mouvements activistes ?

Tout d'abord les nouvelles technologies permettent de donner à des causes, quelles qu'elles soient, une résonance qu'il aurait été impossible d'obtenir auparavant. Le web, les réseaux sociaux, mais aussi le téléphone et les SMS, permettent de disséminer très rapidement une information et de fédérer une communauté autour d'un sujet important. Ensuite, plus spécifiquement, le web 2.0 permet de faciliter la mobilisation autour du partage d'expérience. Par exemple, en janvier 2011 lorsque des tests ADN réalisés sur un échantillon de Knacki Herta *halal* ont montré que ce dernier contenait de l'ADN de porc, la mobilisation contre la marque a généré la création de nombreuses vidéos. Sur l'une d'entre elles, un internaute explique ainsi comment imprimer des étiquettes « *haram* » (l'inverse de « *halal* », c'est-à-dire « illicite ») à apposer sur les paquets de Knacki Herta. Sur une autre, un dessin animé humoristique imagine l'animal dont la chaire compose la saucisse… L'émergence de cette créativité a encore amplifié le phénomène et accru la mobilisation.

Enfin, le troisième phénomène spécifique est que le web 2.0 permet d'être en relation avec des experts qui spontanément apportent leurs services à la cause : des avocats bien entendu, mais également des scientifiques, des communicants…

Quels sont, en contrepartie, les nouveaux risques auxquels se trouvent confrontées les entreprises ?

Pour beaucoup d'entreprises, encore de nos jours, une crise qui ne sort pas dans les médias n'existe pas. Or paradoxalement, cela s'avère être plutôt un mauvais calcul car, une crise née sur le web apparaît dans les médias lorsqu'elle a pris des proportions très importantes !

Ensuite, le web 2.0 pour être efficace suppose que l'on s'adresse directement à ses consommateurs. Pour reprendre le cas des Knacki Herta *halal*, ce qui me paraît assez incroyable, c'est que jamais la marque ne s'est adressée à ses consommateurs en utilisant les outils offerts par le web 2.0 (il y a juste eu quelques informations publiées sur le site web de Herta). Toute la communication a été réactive et principalement *via* les médias « traditionnels ». On est encore dans une communication très « *top down* » du xxe siècle ; c'était un peu Jacques Chirac découvrant « le mulot ».

Que peuvent faire alors les entreprises pour éviter de telles crises ?

Comme pour toute crise, que ce soit dans le monde « réel » ou sur internet, l'entreprise doit dès le départ prendre la parole sur ce sujet et reconnaître le

> problème identifié plutôt que de tergiverser et d'essayer de l'esquiver. Il s'agit simplement de rassurer les consommateurs sur le fait que leurs préoccupations sont bien prises en compte. Ce dialogue est d'autant plus facile à mettre en place que le web 2.0 offre une panoplie inégalée d'outils de communication vers ses communautés.
> Aujourd'hui, avec les réseaux sociaux, il n'est plus possible pour une marque prise à partie sur internet de tenter de nier ou de diminuer le problème ; le temps qui favorise la diffusion de l'information dans les réseaux jouera toujours contre la marque.

D'importantes conséquences pour les marques

La transformation initiée par l'émergence du web 2.0 dans la relation public/institution amène quelques bouleversements durables, dont les conséquences sont immédiatement perceptibles.

Le pouvoir change de main

Les deux principales caractéristiques de la circulation de l'information ont longtemps été la rétention et la verticalité.

Tout d'abord, il y avait cette notion commune selon laquelle le pouvoir résidait entre les mains de celui qui avait accès à l'information que les autres n'avaient pas. La stratégie « gagnante » consistait alors à créer son propre réseau afin d'obtenir le plus grand nombre d'informations et, surtout, à ne redistribuer cette information que de façon parcellaire en fonction des intérêts du moment. Ce différentiel d'information entre « ceux qui savent » et les autres a longtemps été à la base de la valeur ajoutée de métiers d'intermédiaires : agents immobiliers, antiquaires, galeristes…

Ensuite la notion de verticalité, se réfère tout simplement au fait que l'information suivait essentiellement un schéma « *top down* », c'est-à-dire circulait du haut vers le bas. C'est le patron qui fait passer ses messages, *via* les couches hiérarchiques, à l'ensemble des salariés, l'entreprise qui communique à ses clients *via* la publicité ou le marketing direct, etc. Bref, la transmission de l'information est contrôlée par l'émetteur qui s'installe dans une position de monologue. Certes, cela ne dispense pas l'entreprise ou la direction de l'entreprise d'être à l'écoute de ses clients/salariés/actionnaires/etc. mais la parole reste la propriété d'un seul. Le rapport de force s'avère fortement déséquilibré avec d'un côté un émetteur qui diffuse de l'information à tous (*one-to-many*) et de l'autre des « cibles » (salariés, clients, prospects, électeurs…) qui, dans le meilleur des cas, ne peuvent s'adresser qu'individuellement vers l'émetteur (*one-to-one*).

L'émergence du web collaboratif a littéralement fait exploser ces anciens schémas, tout d'abord dans la relation entreprise/consommateur, puis au sein même des entreprises, au point que l'on parle de plus en plus aujourd'hui d'entreprise 2.0. Cette évolution brutale repose essentiellement sur les nouveaux médias sociaux – Facebook, LinkedIn, Twitter… – qui font tout pour faciliter la transmission et la rediffusion de l'information de la façon la plus facile et automatique possible.

Première conséquence, les stratégies de limitation ou de rétention d'information s'avèrent beaucoup plus complexes à mettre en place, voire même contre-productives. En effet, la facilité des échanges permet, sans trop de difficulté, soit de contourner le point « bloquant » soit de mettre à jour cette volonté de restriction de l'information qui peut vite être perçue comme une volonté de manipuler ou de tromper l'audience.

Selon Pierre Mercklé[1] :

> *« […] Il est indéniable que certains des nouveaux usages d'internet […] se révèlent particulièrement en phase avec de nouvelles formes de citoyenneté politiques caractérisées par la contestation des élites, et la confiscation de l'autorité au nom de la compétence, et donc par le refus de déléguer les prises de décisions aux élus et aux « experts ». Internet pourrait avoir pour effet de ce point de vue, de défaire les monopoles informationnels sur lesquels reposait jusque-là le pouvoir des experts. »*

La deuxième conséquence est bien entendu le passage à une communication « *many-to-many* ». Chacun, devenant non plus seulement récepteur mais également émetteur, peut à loisir reprendre, modifier et diffuser l'information. Tous les outils du web 2.0 tendent à faciliter cette rediffusion et surtout amènent chaque utilisateur à donner son avis. Ce sont bien entendu les commentaires sur les blogs, mais également le fameux « J'aime » de Facebook ou les sites tels que delicious, etc.

---

[1] Pierre Mercklé, *Sociologie des réseaux sociaux*, La Découverte, p 87.

2. La communication asymétrique ou crise 2.0

Par la suite, des sites se sont créés pour structurer ces échanges autour de thèmes spécifiques : par exemple ciao.fr ou testntrust.fr pour les produits ou les services marchands, tripadvisor.fr, dismoiou.fr ou Qype.fr pour les loisirs, voire même notetonentreprise ou notetonprof pour partager les impressions sur une entreprise ou un professeur.

Désormais, celui qui a le pouvoir d'influence n'est plus celui qui possède l'information que les autres n'ont pas ou qui émet de façon unidirectionnelle des messages, mais celui qui se trouve à la croisée de l'information. C'est-à-dire celui qui est capable d'apporter à la communauté une réelle valeur ajoutée par sa capacité à mettre à la disposition de tout le monde de l'information pertinente ou par ses commentaires apportés à l'information existante. Et cela, bien entendu de façon gratuite ; en effet la culture du don – de temps, de compétences, d'expériences, et éventuellement d'argent – est au cœur du système du web 2.0. L'exemple le plus flagrant en est sans doute Wikipedia où chacun met gratuitement à disposition des autres ses compétences dans un domaine spécifique.

La principale conséquence de cette nouvelle organisation de la communication, est bien entendu la perte d'influence de la « voix de l'entreprise », en tout cas dans son format initial. Certes la publicité, les relations presse, les évènements ont toujours un rôle à jouer, mais il faut tenir compte désormais des avis circulants au sein des communautés sur les réseaux sociaux.

Or, pour les entreprises habituées à ne transmettre qu'une image contrôlée – uniquement positive – cette circulation d'informations non contrôlées et pas forcément positives, est souvent assez traumatisante. Bien souvent à tort car, si parfois un buzz négatif peut être destructeur pour un produit, ou un service, la plupart du temps la somme des commentaires aboutit à une vision plutôt nuancée et équilibrée (même si sur le web comme dans le monde « réel » ce sont plutôt les avis extrêmes qui se manifestent).

Exemple

Le phénomène du buzz négatif

Dès la démocratisation d'internet, le phénomène du « buzz » ou du bouche à oreille électronique a été perçu comme le « graal » des communicants. Le principe en était simple : inventer le film ou l'image humoristique valorisant le produit que les internautes allaient se passer. La contrepartie, ou l'enfer des marques, c'est bien entendu l'inverse : le buzz négatif. Le film, la rumeur, la photo qui vont détruire l'image du produit ou du service en quelques heures.

La chaîne américaine de pizza Domino's en 2009 a été victime d'un tel « bad buzz » avec la publication sur internet d'une vidéo réalisée par deux employés. Ceux-ci se sont filmés en train d'effectuer des actions assez dégoûtantes sur les pizzas à livrer. En quelques jours, la vidéo avait été vue plus d'un million de fois ! Dans un premier temps le côté « humoristique » de la vidéo a fait son succès, puis les médias locaux et nationaux s'étant emparés de l'histoire, le nombre de visionnages s'est accru de façon exponentielle.

Aujourd'hui, même si la vidéo « originale » a été retirée du site YouTube ou elle avait été initialement postée, elle reste encore facilement visible.

Plus récemment, suite au licenciement du couturier vedette de Dior, John Galliano, une vidéo d'une interview de Françoise Dior datant de 1963, où elle fait part ouvertement de ses sentiments pro-nazi et de son admiration pour Adolf Hitler s'est mise à circuler sur le web. Même si Françoise Dior, nièce de Christian Dior, n'a jamais eu aucune relation avec la maison de couture, ce bad buzz ne peut qu'entretenir une confusion pour le moins gênante.

Le nécessaire retour aux fondamentaux

« *The consumer is at the driver's seat* » ; cette phrase souvent entendue dans le milieu des études et du marketing ces dernières années semble bien résumer l'état d'esprit des entreprises face à ces changements. Que l'on prenne cela comme la dernière expression à la mode des marketeurs ou comme l'aveu d'un double discours (le consommateur tant placé autrefois au centre des préoccupations dans les discours des entreprises, ne l'était-il donc pas vraiment ?), cette expression traduit néanmoins le pouvoir grandissant donné aux consommateurs par le web collaboratif.

Si autrefois la norme consistait à dire qu'un client mécontent parlait à 11 personnes de sa mauvaise expérience, aujourd'hui ce chiffre explose. Un message publié sur un compte Facebook, et ce ne sont pas moins de 130[1] personnes – moyenne du nombre d'amis de chaque membre – qui sont au courant des déboires rencontrés avec le produit ou la marque. Sans compter qu'il suffit que 10 % de mes amis reprennent l'information sur leur page pour que 1 690 nouveaux contacts[2] soient sensibilisés au problème.

---

1 Source : Facebook.
2 Ce chiffre provient de 13 × 130 qui bien entendu peut paraître discutable d'un point de vue méthodologique (certains de mes amis sont connectés entre eux, ce qui diminue le nombre de contacts au final) mais néanmoins il permet d'avoir en tête une idée de la vitesse de propagation de l'information.

2. La communication asymétrique ou crise 2.0

À cela, s'ajoute l'importance jouée par le réseau en matière de prescription : selon une étude de TNS Sofres de février 2010[1], les internautes français sont 68 % à intégrer internet dans leur stratégie d'achat. Bien entendu ce chiffre peut varier selon le type de produits : 88 % des internautes utilisent internet pour comparer les options lors de l'achat de produits d'électronique grand public et 86 % pour les voyages. Enfin, selon Nielsen[2], les avis de consommateurs en ligne sont jugés comme crédibles par 70 % des internautes (juste derrière les recommandations provenant de proches qui récoltent 90 % de crédibilité).

En résumé, les gens parlent à beaucoup de monde et cet avis est considéré comme crédible par ceux qui se renseignent sur un produit avant de l'acheter.

Face à cette nouvelle donne, la relation au consommateur prend une autre dimension. Il ne peut plus être seulement perçu comme un client ou un prospect ; il est désormais également un média de la marque.

Comme l'explique Matthieu Chéreau[3] :

> « *Une étude de l'Institut OTO Research menée sur les 110 premières marques de l'Hexagone montre que 30,4 % des 100 premières réponses obtenues en cherchant une marque sur Google sont des messages émis par des consommateurs. Les contenus publicitaires des marques arrivent derrière avec 27.4 % des réponses. [...] La clé aujourd'hui pour une entreprise ne réside donc plus dans la publicité, mais dans sa capacité à converser.* »

---

[1] TNS Sofres, « Internet : un vecteur d'information incontournable dans le processus d'achat des internautes », 11 février 2010
[2] Nielsen, « Global Advertising : Consumers Trust Real Friends and Virtual Strangers the Most », juillet 2009.
[3] Matthieu Chéreau, *Community management*, Dunod, 2010, p. 5.

Avis d'expert

Thierry Spencer, vice-président marketing, Testntrust.com, auteur du blog Sensduclient.com

Quels sont, selon vous, les principaux changements opérés par l'émergence du web 2.0 dans la relation entreprises/publics ?

Nous sommes entrés dans ce que j'appelle le « nouvel âge de la relation client ». Internet, canal d'échange très abouti, a émergé en moins d'une décennie et est devenu une caisse de résonance très puissante de l'expression des consommateurs. Vidéos, blogs, avis consommateurs, wikis, forums : tout ce qu'on nomme l'UGC (*User Generated Content*) constitue désormais le contenu le plus important à propos des marques sur le web, au-delà des sources fiables (journalistes, publications scientifiques, réglementaires ou issues de source gouvernementale) et du propre contenu généré par les marques. Les entreprises sont précipitées dans la « conversation » et doivent désormais y prendre part, ou tout au moins avoir une posture, un positionnement à ce sujet.

Pensez-vous que le risque d'image est désormais plus important pour les entreprises ?

C'est incontestable. Même s'il faut considérer que les entreprises ne sont pas égales face à ce risque d'image. Selon la notoriété de sa marque, son secteur, sa dimension nationale ou mondiale, l'intensité de sa relation client, le niveau d'expérience du client, le risque peut être très variable.

Comment les marques selon vous doivent-elles s'adapter à cette nouvelle donne ?

Rien de tel que de considérer les fondamentaux de l'entreprise en pareilles circonstances.
Tout d'abord, consolider le positionnement marketing, affirmer ses différences et faire vivre ses valeurs. Une entreprise faible ou peu certaine de sa promesse d'apport de valeur au client a toutes les chances d'être emportée dans une vague dont elle ne sortira pas indemne sur internet en cas de crise.
Ensuite, l'organisation doit évoluer pour favoriser l'agilité, la capacité de réponse et de mobilisation des ressources. Trop d'entreprises sont encore cloisonnées et partagent peu l'information. La personne la plus à même de prendre part à la conversation sur le web et échanger au nom de la marque est souvent la plus haute placée.

»

2. La communication asymétrique ou crise 2.0

>> **D'une façon générale, que pensez-vous des actions menées par les marques sur le web ? Notamment sur les sites collaboratifs et les blogs ?**

Il faut distinguer les marques qui sont nées depuis les années 90 opérant en « *pure player* » (activité essentiellement menée en ligne) et les autres. Les entreprises nées avec le web n'ont pas peur d'être actrices de la conversation dans le web 2.0, ou même d'être le lieu de la conversation (avec des modules d'expression hébergés sur leur site, type *crowdsourcing* ou avis consommateurs). Beaucoup d'autres ne sont que l'objet de la conversation et ne font des incursions sur le web que de façon maladroite, inopportune et souvent pour faire un coup marketing et non pas servir une stratégie cohérente.

L'essentiel

▶▶ **Passage de la communication** « traditionnelle »
(de l'entreprise vers ses publics *via* des canaux maîtrisés)
à l'ère de la communication asymétrique : chaque internaute devient un média en puissance susceptible de menacer l'image de l'entreprise.

▶▶ **La puissance** offerte par les médias sociaux bouleverse les rapports de forces ; désormais le web permet de fédérer autour d'une cause des compétences (avocats, experts, scientifiques…) qui autrefois ne pouvaient être rassemblées que par les grandes entreprises.

▶▶ **Les entreprises** doivent désormais écouter et dialoguer avec leurs communautés, particulièrement en situation de crise, sous peine de se retrouver isolées face à une opinion hostile.

Partie II

Diminuer les risques, anticiper la crise

« Ne pas prévoir, c'est déjà gémir »

Léonard de Vinci

…

Chapitre 3

Bien comprendre son environnement

Executive summary

▶▶ **L'expression** « web social » ou « web collaboratif » désigne en réalité des typologies d'espaces – réseaux sociaux, sites de partage de films ou de photos, encyclopédies en ligne… – et de communautés dont les modes de fonctionnement sont très divers.

▶▶ **Avant même** de communiquer sur ces espaces collaboratifs, il est indispensable de bien connaître ses propres zones de risques, c'est-à-dire les sujets sur lesquels l'entreprise pourrait être prise à partie par l'opinion.

▶▶ **Une communication efficace** de prévention de crise ne pourra donc être mise en place que lorsque ces risques auront été identifiés et caractérisés selon leurs natures (conjoncturels/structurels) et selon les communautés parmi lesquelles ils se propagent.

Comprendre le web social
Mais au fait : c'est quoi un réseau social ?

Il est difficile de comprendre comment l'information circule sur internet, sans avoir quelques notions sur le fonctionnement du web collaboratif et des réseaux sociaux. Tout d'abord, la notion de réseau, et tout particulièrement de réseau social, occupe les sociologues depuis quelques années, et ce bien avant l'émergence d'internet.

C'est, en effet, en 1954 que l'anthropologue britannique J. A. Barnes utilise de façon formelle pour la première fois le terme de « réseaux sociaux ». Comme l'explique Pierre Mercklé : « Cette notion recouvre « l'ensemble des relations informelles entre individus formellement égaux, connaissances, amis, voisins ou parents[1] »

Petit monde en réseau…

La notion de « petit monde » est au cœur des réseaux, et notamment des réseaux sociaux. En 1967, le psycho-sociologue Stanley Milgram réalise aux États-Unis une expérience qui démontre que deux Américains pris au hasard, sont reliés en moyenne par une chaîne de 6 relations. Certains travaux plus récents, tendent même à démontrer qu'au niveau de la planète, il suffirait de 10 à 12 relations maximum pour mettre deux individus quelconques en relations. Cette notion de relations entre deux personnes prend tout son sens avec internet, et en particulier les réseaux sociaux. Des sites comme LinkedIn ou Viadeo favorisent et facilitent ce type de relations.

…et réseaux « petit monde »

L'autre particularité des réseaux sociaux est qu'ils sont constitués de « petits mondes », comme les définissent les mathématiciens et non de contacts indépendants entre eux (figure 3.1a). C'est-à-dire d'une multitude de réseaux plus ou moins denses reliés les uns aux autres par des « liens faibles » (figure 3.1b). Un amateur de James Bond et de peintures du XVe siècle sera probablement relié à deux réseaux regroupant les passionnés de ces deux thématiques ; mais si chaque réseau a une densité assez forte, il n'y a que peu de liens entre eux autres que notre amateur.

---

1 Pierre Mercklé, *op. cit.*, p. 12.

Figure a   Figure b

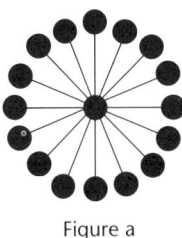

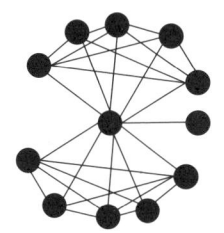

Figure 3.1 – La façon dont une personne est reliée aux autres via les réseaux sociaux permet d'identifier son influence potentielle

La compréhension de ce phénomène est essentielle pour avoir une vision claire du fonctionnement des réseaux sociaux. En effet, une information circulant dans un « petit monde » s'y diffusera d'autant plus rapidement que celui-ci est dense. En revanche, selon son contenu – plutôt spécifique ou plutôt général – elle passera ou non d'un « petit monde » à un autre, voire d'un réseau à l'autre. Au niveau de la communication de crise, tout l'enjeu est donc d'identifier ces petits mondes liés aux activités de l'entreprise afin de repérer le plus tôt possible toute information potentiellement « crisogène » y circulant.

Bridging et bonding

Les sociologues différencient deux stratégies de réseau : le « *bridging* » et le « *bonding* ».

- Le *bridging* est une stratégie qui consiste à développer des liens non redondants, c'est-à-dire plutôt à s'ouvrir vers des groupes autres. Le web collaboratif dans son ensemble tend avant tout à favoriser le *bridging*, que ce soit *via* les « J'aime » de Facebook ou Linkedin ou le « Intéressant » de Viadeo. Mais plus encore, les intrications entre réseaux (LinkedIn/Twitter), Facebook *via* le bouton « Share »… favorisent le *bridging*. En quelques minutes, tous ces outils permettent à l'information de circuler de personnes en personnes et de réseaux en réseaux.
- Le *bonding* consiste à renforcer ses liens au sein d'un « petit monde ». Au paroxysme cela peut aboutir à un phénomène de « clique », c'est-à-dire un groupe où tous les membres sont en relations avec la totalité des autres membres du groupe.

Soleil, centroïdes, feuilles et intermédiaires

La compréhension des grands réseaux sociaux du type Facebook, Twitter, LinkedIn, etc. mobilise les plus grands mathématiciens de la planète.

3. Bien comprendre son environnement

L'objectif de ces recherches est en apparence simple, il s'agit de dresser la « cartographie » du réseau. Si l'on prend un parallèle avec la géographie, cela correspond à en faire la carte « routière », les routes étant les liens entre les personnes. Cette première étape est évidemment essentielle et indispensable pour toute étude approfondie de la façon dont l'information circule au sein de ces réseaux.

Ce travail de topographie permet ensuite de classer les individus membres du réseau selon différentes catégories en fonction des liens qu'ils ont avec les autres membres et de la façon dont ils retransmettent ou non l'information. Parmi les typologies de membres les plus significatives, il y a notamment :

- **Les feuilles** : ce sont ceux qui reprennent l'information mais ne sont pas eux-mêmes repris. En bout de chaîne, leur influence est *a priori* minime.
- **Les centroïdes** : au cœur du réseau, ils sont à égale distance de la majorité des membres. Ce sont des passeurs d'informations, des facilitateurs. Ils jouent un rôle clé dans l'animation de la communauté dans laquelle ils se trouvent.
- **Les soleils** : ce sont les leaders de la communauté. Ils émettent énormément d'informations mais ne reprennent pas forcément d'informations provenant d'autres sources. Il n'y a que très peu de « soleils » au sein d'une communauté.
- **Les intermédiaires** : les intermédiaires sont ceux qui font le lien entre deux communautés distinctes. C'est le cas de notre passionné de James Bond et de peintures du XVe siècle. Les intermédiaires sont souvent des éléments clés dans la propagation de l'information d'une communauté à l'autre. La question fondamentale dans l'étude des réseaux consiste alors à repérer ces intermédiaires et surtout à comprendre quels sont leurs critères pour décider ou non de passer cette information. Les intermédiaires les plus influents sont ceux qui relient sur une thématique particulière la communauté des « spécialistes » et le « grand public » (par exemple le professeur qui est à la fois membre d'un groupe de scientifiques internationaux spécialistes du diabète et d'une communauté réunissant des diabétiques).

La cartographie des réseaux et l'identification des membres les plus influents (centroïdes, soleils, intermédiaires) servent non seulement à anticiper la crise mais également à la prévenir. Écouter un « soleil », un leader de communauté, permet de repérer des sujets de crise montants. Mieux encore, développer de bonnes relations avec ces influenceurs peut également servir à faire passer les argumentaires de l'entreprise auprès de ces mêmes communautés. Quant aux intermédiaires, ce sont eux qui vont transformer un sujet de « spécialiste » en centre d'intérêt pour le grand public, du fait de leur capacité à relier plusieurs communautés entre elles.

> **Exemple**
>
> Dans le secteur de la défense, Jean Guisnel, journaliste au *Point* auteur du blog « Défense Ouverte » sur le site du magazine, est un cas typique « d'intermédiaire ». À travers son blog, il fait le lien entre les « spécialistes » de la défense et le grand public. Il y a bien entendu d'autres blogs de journalistes ou de spécialistes sur ce thème, mais aucun n'arrive à créer un tel lien entre ces deux environnements. Pour tous les acteurs de la défense, ce blog est donc devenu un lieu d'expression à suivre avec grande attention : tout ce qui s'y trouve peut facilement se diffuser largement sur internet, voire être repris dans des médias grand public.
>
> Dans le secteur médical, certains médecins, animateurs de forums ou simples participants de Doctissimo, jouent également un véritable rôle d'intermédiaires entre le monde médical, dont ils vulgarisent les dernières annonces, et les internautes intéressés par le sujet.

Célébration vs compétition

Selon les spécialistes, il existerait deux types de communautés : les « célébratives » et les « compétitives ». Les communautés « célébratives » sont celles qui réunissent des gens qui ont pour objectif d'être ensemble pour partager une passion. Ce sont par exemple les réseaux de passionnés de loisirs créatifs, des clubs de lecture… Il n'y a pas d'enjeu de visibilité entre les membres, il s'agit juste d'échanger des « bons plans », des « astuces »…

À l'inverse, les communautés « compétitives » sont celles où les membres individuellement recherchent la reconnaissance des autres membres. C'est à qui démontrera son savoir, affirmera son leadership. Les participants ont des stratégies de « *personal branding*[1] » affirmées. On retrouve souvent ce type de comportement dans les réseaux

---

1 Le *personal branding*, est un concept qui consiste à se promouvoir auprès d'une communauté, comme une entreprise le ferait avec sa marque ou ses produits. Des réseaux professionnels comme LinkedIn, Viadeo sont les principaux outils de cette démarche.

professionnels ou semi-professionnels (spécialistes du web 2.0, hackers, fans de jeux vidéos…).

Savoir si les communautés auxquelles on s'adresse sont « célébratives » ou « compétitives » peut s'avérer très utile. Un sujet sensible risque de mobiliser plus facilement une communauté « célébrative » mais le dialogue entre l'entreprise ou la marque et la communauté sera plus facile à mettre en place.

Les communautés d'utilisateurs sont généralement « célébratives » : propriétaires de 2CV, clients de Free (Univers Freebox)… Leur relation au produit, à la marque est très forte et il s'agit avant tout de partager des « trucs et astuces ». Le groupe Iliad, propriétaire de Free, a ainsi très rapidement développé des relations privilégiées avec Univers Freebox, conscient de l'importance qu'il y avait à être en bons termes avec cette communauté de clients. Sans compter que l'approche d'entraide qui prédomine entre les membres permet de traiter de nombreux sujets qui, autrement, devraient être gérés par le service client.

À l'inverse, les communautés « compétitives » se mobiliseront plus difficilement sur une cause – l'aspect « compétition » ne favorise pas forcément l'adhésion spontanée des membres – à moins que cette cause soit à la source de la communauté. En revanche, il sera sans doute plus difficile pour une entreprise de s'adresser à cette communauté, le dialogue avec la marque ou l'institution étant souvent perçu comme une trahison des principes de la communauté, un passage « à l'ennemi ».

Les communautés autour de la mode sont souvent « compétitives ». Par exemple, l'une de blogueuses les plus connues dans ce domaine « Miss Pandora » s'est récemment faite fortement critiquée par une partie de la websphère car elle avait accepté de participer à une campagne de publicité avec sa mère pour « Comptoir des Cotonniers ». Ce ne sont plus des communautés d'entraide, mais de recherche de visibilité, de leadership. Les critiques proviennent pour beaucoup d'autres blogueurs qui, eux, se positionnent comme « non-corrompus ». Il existe entre blogueuses de mode une concurrence plus ou moins explicite[1]. Les communautés compétitives développent des approches très « *personal branding* ». Pour une marque, il est plus difficile de communiquer avec ces personnes car toute relation risque d'être décriée, critiquée par la partie de la communauté qui se considérera exclue.

---

1 Voir à ce sujet l'article *Glamour*, « Blogueuses et toutes puissantes », juin 2010.

Les typologies de médias sociaux

Le web collaboratif regroupe un ensemble d'outils assez variés allant du partage de photos ou de films au « *personal branding* » (du type Linkedin), chacun ayant son mode de fonctionnement et ses objectifs propres.

Une tentative très intéressante de les regrouper et de les classer a été faite récemment par Brian Solis et l'agence Jess3[1] (figure 3.2).

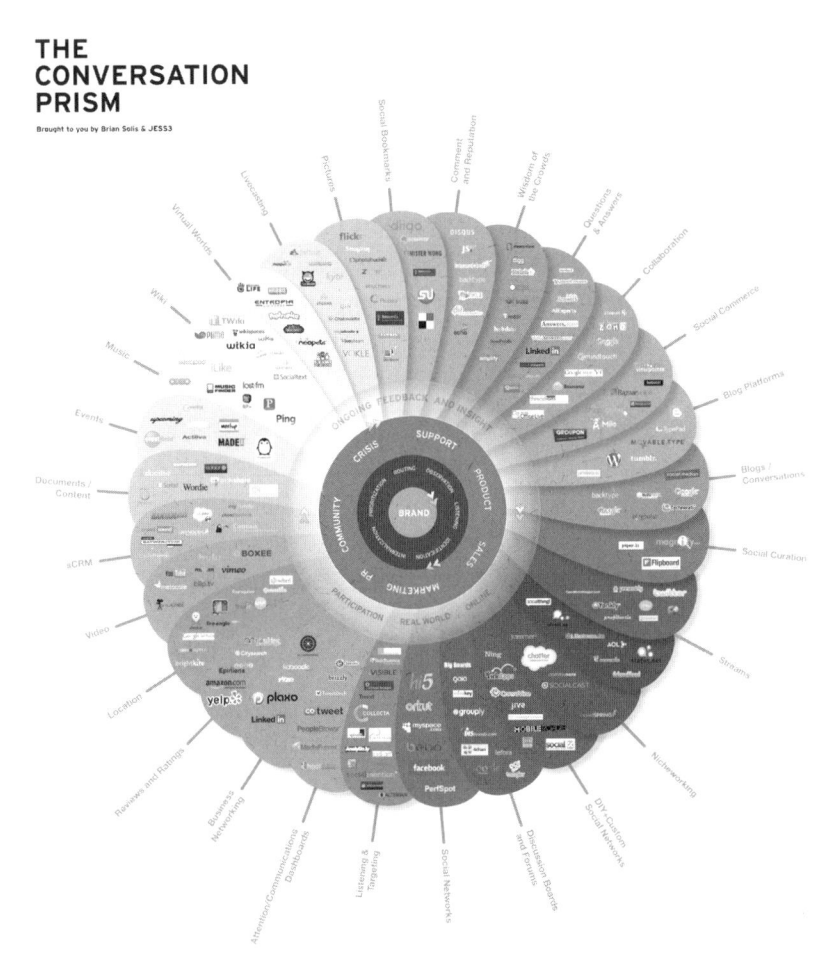

Figure 3.2 – The Conversation Prism (de Brian Solis & JESS 3) liste de façon quasi exhaustive l'ensemble des outils disponibles sur le Net pour développer le dialogue avec ses communautés

---

[1] Le visuel original, régulièrement mis à jour, est disponible sur le site www.theconversationprism.com.

Bien que les frontières entre ces catégories soient assez floues et en perpétuel mouvement, les plus importantes sont :
– les réseaux sociaux ;
– les réseaux de médias ;
– le *crowdsourcing* ;
– les réseaux d'actualité.

Les réseaux sociaux

Ils sont professionnels (LinkedIn, Viadeo...) ou non professionnels (Facebook, Copains d'avant...) ; même si cette différentiation tend à s'estomper de plus en plus avec les possibilités de segmentation des « amis » offertes par Facebook ou Google+.

Il s'agit d'espaces de partage de l'information entre « amis ». Leur taille, leur mode de fonctionnement quasi instantané – *via* les publications sur les « murs » – font que l'information y circule extrêmement rapidement et peut générer des mobilisations très larges en un temps très court.

Ces réseaux fonctionnent énormément sur « l'affect » : en dehors des échanges traditionnels entre « amis », les informations qui circulent le plus rapidement sont souvent les plus amusantes, étonnantes, choquantes... Ces sites s'avèrent d'efficaces caisses de résonance pour des sujets sensibles. Bien utilisés, ces réseaux sociaux peuvent jouer un rôle dans le cadre d'une gestion de crise (mais attention, il faut en connaître les règles d'utilisation sous peine d'obtenir un effet inverse à celui attendu !)

Les réseaux de médias

Il s'agit essentiellement de YouTube, Dailymotion (plus français), Picasa, Flickr...

L'objectif de ces sites est essentiellement l'échange de médias : photos et films principalement. La visibilité et l'attractivité d'un film ou d'une photo – caractérisées par le nombre de « vues » – reposent ici encore sur sa capacité à être soit amusant, original, choquant, bouleversant... L'émotion y règne en maître.

Comme pour les réseaux sociaux, ces sites de médias peuvent également être utilisés dans un processus de gestion de la communication de crise.

Le crowdsourcing

Ce sont les sites dont l'efficacité repose sur la participation des internautes qui les enrichissent : Wikipedia, AgoraVox, 4chan... mais également les sites de notation tels que tripadvisor.fr ou Qype dans le tourisme, testntrust.com ou ciao.fr pour les produits ou les services, et aussi notetonentreprise, nototonprof...

Selon les typologies de sites, les contenus sont plus ou moins contrôlés. Dans le cas de 4chan, par exemple, il n'y a strictement aucun contrôle sur les contenus postés et le site a même pour principe d'imposer l'anonymat des contributions (voir encadré p. 32). Dans le cas de Wikipedia, ce sont les internautes eux-mêmes qui font le contenu et l'essentiel de la modération[1].

Enfin, dans le cas d'Agoravox, les contributions proviennent des internautes mais sont modérées par des membres et le comité de rédaction du site.

Ces sites sont-ils potentiellement « crisogènes » ? Oui, mais de façons différentes. 4chan favorise une crise « émotionnelle » ; il va rassembler en quelques heures une foule d'internautes sur un sujet « mobilisateur ». À l'inverse, sur Agoravox ou Wikipedia, on trouvera des articles plus structurés. La crise sera peut-être un peu plus longue à se développer mais potentiellement plus durable.

Les réseaux d'actualité et de micro blogging

Il s'agit principalement de Twitter. Dans certains cas, sont également inclus des sites de partage de marque-pages internet tels que Delicious, Digg ou plus récemment PearlTrees.

Du point de vue de la communication de crise, le seul réseau vraiment « sensible » est Twitter. Son fonctionnement favorise trois critères fondamentaux dans la propagation de crise :
– la simplification ;
– l'urgence ;
– la dissémination.

Les 140 caractères maximum de Twitter obligent à simplifier à outrance et à forcer le trait (même si bien entendu, la plupart du temps le message

---

1 Contrairement à ce que l'on pourrait penser, la fiabilité de Wikipedia est excellente. En effet, différents tests effectués par des revues ou des universitaires ont permis de constater que des erreurs volontaires insérées dans les articles étaient corrigées en quelques minutes par des internautes.

renvoie vers une page web). Ensuite, Twitter, avec sa « timeline » où défilent en permanence les informations reçues des différents « fils », favorise l'immédiateté ; c'est de l'information « chaude ». Enfin, le phénomène du « retweet », encourage la dissémination à grande vitesse de l'information.

Même si Twitter dispose en France d'une présence relative (2,4 millions d'utilisateurs selon Semiocast[1], ce qui place la France en 17e position mondiale loin derrière la Grande-Bretagne), son mode de fonctionnement est éminemment « crisogène ».

Internautes sociaux : une population aux caractéristiques particulières

Même si la population internaute tend à être de plus en plus représentative de la population française dans son ensemble avec 39,5 millions d'internautes et 17 millions de comptes Facebook, il subsiste néanmoins quelques différences. Les plus flagrantes étant la segmentation de l'âge – seuls 57 % des 60-69 ans et 24 % des 70-79 ans possèdent un accès à internet[2], alors qu'ils représentent respectivement 12 % et 14 % de la population – et le niveau social, les non-diplômés étant moins représentés sur internet que les surdiplômés.

En conséquence, les sensibilités des internautes pourront quelque peu différer de celles du monde « réel ». Néanmoins, ces chiffres permettent de réaliser qu'internet n'est plus depuis quelques années maintenant, un « repère de jeunes ados boutonneux » mais bien un outil utilisé par la grande majorité de la population.

À ce titre, les faits parlent d'eux-mêmes : qui aujourd'hui, au niveau professionnel, n'utilise pas Google ou Wikipedia pour se renseigner sur une personne, une entreprise ou un marché ?

Si l'on prend par exemple le cas de Facebook, selon le site[3], les membres français se répartissent de la façon indiquée dans le tableau ci-dessous. Comme on peut le constater, les 15-24 ans et les 25-34 ans y sont surreprésentée, tandis que les plus de 45 ans sont sous-représentés.

Cette tendance ne devrait pas changer dans l'immédiat, cependant il y a depuis quelques mois une augmentation sensible du nombre de

---

1 Source : Semiocast, mars 2011, http://semiocast.com/pr/20110308/2_4_millions_d_utilisateurs_de_Twitter_en_France
2 Source : Credoc, « La diffusion des technologies de l'information et de la communication dans la société française », 2010.
3 Chiffres de fin mars 2011.

membres de plus de 35 ans, traduisant l'adoption du réseau social par des tranches d'âge plus élevées.

Tableau 1 – Utilisateurs de Facebook répartis selon leur âge et leur sexe[1]

	Total	Hommes	Femmes	% Total	Insee[2]
Moins de 15 ans	1 235 160	585 440	649 720	5,83 %	18,50 %
15-24 ans	7 899 620	3 903 920	3 995 700	37,30 %	12,40 %
25-34 ans	5 524 740	2 687 020	2 837 720	26,09 %	12,30 %
35 – 44 ans	3 213 180	1 569 100	1 644 080	15,17 %	13,70 %
45 – 54 ans	1 824 200	830 420	993 780	8,61 %	13,60 %
55 – 64 ans	991 220	458 180	533 040	4,68 %	12,70 %
Plus de 65 ans	491 260	279 620	211 640	2,32 %	16,80 %
	21 179 380	10 313 700	10 865 680	100 %	100 %

Cette surreprésentation des tranches d'âges « jeunes » se retrouve dans la quasi-totalité des réseaux sociaux. LinkedIn, par exemple, réseau axé sur la vie professionnelle, les tranches d'âges surreprésentées sont celles des 25-34 ans et 35-44 ans, et les plus de 65 ans y sont presque absents.

Ces distorsions inhérentes à chaque réseau social sont plus ou moins marquées en fonction de la cible marketing initialement définie. Néanmoins, ce qui est commun à chacun de ces réseaux, c'est la surreprésentation des membres ayant une formation supérieure, ne serait-ce tout simplement parce que l'accès à internet dépend encore des diplômes et des revenus[3].

L'utilisateur des réseaux sociaux est donc globalement plutôt jeune (moins de 44 ans) et diplômé. Cette information est fondamentale pour mieux comprendre les sensibilités de ces communautés et devra être prise en compte dans la communication.

---

1 Chiffres Facebook d'avril 2011.
2 Chiffres Insee au 1er janvier 2011.
3 Source : Credoc, « La diffusion des technologies de l'information et de la communication dans la société française », 2010.

Bien connaître ses propres zones de risques

Il arrive assez fréquemment que les entreprises, trop absorbées par leur quotidien ou parfois auto-intoxiquées par leur propre discours commercial, perdent quelque peu leur lucidité sur leurs risques ou leurs faiblesses.

D'un autre côté, la tentation d'identifier tous les risques, pour une entreprise, peut rapidement tourner à l'exercice sans fin. Ou aboutir à des manuels de crise de centaines de pages qui ne sont jamais lus mais ont mobilisé tant d'énergie que personne n'ose de nouveau ouvrir le chantier, ne serait-ce que pour remettre à jour les contenus.

Avant de réfléchir à ses risques, la première question qui vient à l'esprit est liée à la spécificité du web collaboratif : les sujets de crise sur le web collaboratif sont-ils les mêmes que ceux du « monde réel » ? Fondamentalement, la réponse est « oui ». Mais la différence majeure tient à la spécificité de ces médias qui favorisent l'aspect « émotionnel » du sujet. Et puis, et c'est là le plus difficile, il y a des sujets de crise qui sont liés au mode de fonctionnement et à la typologie des acteurs des réseaux sociaux ; ceux-ci sont beaucoup plus difficiles à identifier à l'avance car souvent loin du cœur de métier de l'entreprise.

Deux indicateurs de risque sont à retenir : la notoriété de la marque et sa cible. Plus une marque est connue, plus elle sera exposée. Cet axiome s'avère permanent en matière de communication de crise. Un buzz négatif sur Coca-Cola, Microsoft, Renault, Danone… aura toujours plus de chance d'être repris qu'un buzz sur une PME varoise. Néanmoins, cela ne signifie pas pour autant qu'une PME varoise n'a pas de risque d'être brutalement la « risée » du web… C'est juste qu'elle a *a priori* spontanément moins de chance de l'être.

L'autre indicateur principal est la cible de l'entreprise. Une entreprise BtoB de boulons aura également moins de risque d'affronter un « bad buzz » qu'une société de produits pour bébés ou femmes enceintes. Plus le produit ou le service est « sensible » pour les clients, plus le risque est grand.

Partant de ce constat, il ne faudrait pas pour autant que les dirigeants de la « PME varoise de boulons » se sentent à l'abri de toute crise sur les réseaux sociaux, au prétexte qu'ils ne sont pas connus et sur des produits « peu impliquants ». Il suffit de quelques avis sur des sites de bricolage (et il y en a beaucoup !) pour que la marque ou le produit se trouve brutalement exposé.

Comment établir une matrice pertinente des risques ?

La méthode présentée ci-dessous, assez simple à mettre en place, peut être utilisée d'une façon générale pour aider à la qualification des risques principaux identifiés, que ce soit sur le web 2.0 ou dans le monde « réel ».

Dans un premier temps, elle consiste à identifier les risques d'opinion en fonction de leur type :
– risque industriel ;
– risque social ;
– risque environnemental ;
– risque juridique
– risque financier ;
– risque international ;
– risque réglementaire…

Puis ensuite il s'agit de les classer selon deux critères clés :
– leur impact potentiel sur l'opinion (gérable, majeur, critique) ;
– leur probabilité d'occurrence (faible, moyenne, forte).

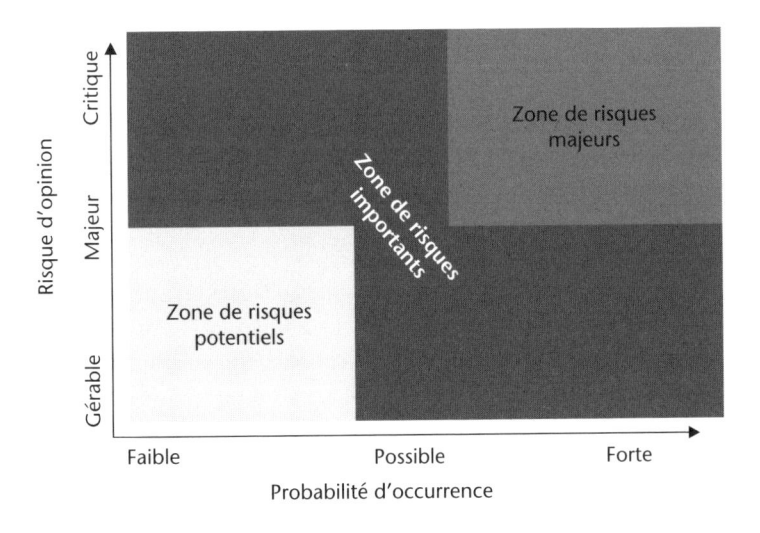

Figure 3.3 – Matrice de classement des risques

La zone des risques à forts impacts avec une occurrence importante, constitue bien entendu la zone de danger maximum. Tous les risques identifiés qui se trouvent dans cette zone doivent donc être traités de façon spécifique et surtout anticipés.

Risques structurels et risques conjoncturels

Afin de rendre cette matrice plus pertinente, il convient de faire la différence entre les risques structurels et les risques conjoncturels.

Les risques structurels

Les risques structurels sont ceux liés directement à l'activité principale de l'entreprise, ceux que l'entreprise doit avoir identifiés ; c'est par exemple le risque qualité (contamination bactérienne, problème de sécurité…) sur un produit de grande consommation ou agroalimentaire, le risque d'accident pour un transporteur (aérien, routier, par rail), le risque industriel pour un site de production (incendie, pollution…).

Il paraîtra toujours incompréhensible pour l'opinion et les médias qu'une entreprise n'ait pas prévu ce type d'évènement.

Les risques conjoncturels

Les risques conjoncturels sont ceux qui peuvent évoluer avec le temps ; ils sont souvent mal identifiés, en tout cas dans les entreprises ne disposant d'une grande sensibilité à la communication de crise. Ils apparaissent soit dans le cadre d'une crise existante frappant le secteur de l'entité, soit avec la montée d'une sensibilité particulière de l'opinion sur un sujet précis.

> **Exemple**
>
> « L'antennagate » ou la crise subie par Apple suite au lancement de l'iPhone 4 est un bon exemple de crise « structurelle ». Le 25 juin 2010, soit le lendemain du lancement mondial de ce nouveau téléphone, des internautes postent sur Youtube des vidéos démontrant que la réception du réseau téléphonique chute dramatiquement si l'on met son doigt sur le coin inférieur gauche de l'appareil.
>
> La première réaction d'Apple sera une négation du problème (« ce n'est qu'un problème d'affichage de la réception réseau »). Puis, face aux faits et aux multiples témoignages d'internautes, Apple tentera de le minimiser, voire de le rejeter sur ses concurrents (« tous les smartphones connaissent ce type de

problème »). Au final, Steve Jobs, pour éteindre la polémique, devra tenir une conférence de presse sur le sujet et, surtout, s'engager à offrir à tous les possesseurs d'iPhone 4 un étui ou une coque « *bumper* » censé résoudre le problème. Cette crise a été assez violente pour Apple car elle démontrait que la marque ne s'était pas vraiment préparée à ce type de problème industriel. Et ses premières actions (négation, rejet) ont été à l'opposé de l'image « cool » que veut donner la marque auprès de ses consommateurs. L'image d'Apple repose essentiellement la relation quasifusionnelle que les consommateurs ont avec la marque, or avec ce comportement, elle dévoilait un pan de son caractère inconnu jusqu'ici. Il faudra que Steve Jobs s'implique personnellement pour gérer cette crise.

Le blog Train-Train quotidien, décrivant les aléas vécus par les usagers de la ligne Paris-Rouen (voir p. 18) présente, lui, plutôt les caractéristiques d'une crise « conjoncturelle ». Les retards réguliers des trains de cette ligne sont certes directement liés au « métier » de la SNCF, mais ne font pas partie des crises identifiées. D'ailleurs la crise ne viendra pas des irrégularités de la ligne, mais plutôt de la capacité qu'a eu un usager – Xavier Moisant – à cristalliser le mécontentement d'un certain nombre de voyageurs, et par la suite, à attirer l'attention des élus locaux. Or, ces élus subventionnent – à travers les collectivités locales – certaines lignes SNCF.

À cause de sa mauvaise gestion de la crise sur le web, la SNCF s'est retrouvée à faire face non seulement à une fronde des usagers mais également des élus qui ont un temps menacés de diminuer leur financement.

Une des raisons sans doute pour laquelle la SNCF n'a pas vu venir cette crise, au-delà du fait qu'elle s'est développée sur le Net, un espace mal maitrisé à l'époque par l'entreprise, c'est qu'elle n'était pas liée à un « accident » mais à une sensibilité croissante de l'opinion, bien plus difficile à identifier et à qualifier.

La politique de l'autruche, premier risque de crise

La plus grande source de crise s'avère souvent être l'interne, et surtout le manque de communication et de confiance qui peut régner au sein de l'entreprise. Au prétexte qu'un sujet est « sensible », voire « confidentiel », il se crée un silence au sein des équipes ou des entités concernées. Ces sujets sensibles non identifiés sont autant de « bombes à retardement » pour ceux qui sont en charge de la gestion de crise… Et il y a de fortes chances pour qu'ils deviennent finalement de réelles crises.

Une gestion efficace de la communication de crise repose avant tout, sur une réelle confiance en interne et une totale transparence sur les risques potentiels identifiés entre l'entité et les équipes de communication.

3. Bien comprendre son environnement

L'essentiel

▶▶ **Tous les internautes** ne se valent pas sur les médias sociaux ; l'étude des communautés permet de repérer les internautes les plus influents à suivre en priorité.

▶▶ **S'il existe** de nombreux types d'outils collaboratifs sur internet (réseaux sociaux, réseaux de média, réseaux d'actualité…), seuls quelques-uns ont réussi à émerger de façon systématique – ce sont eux qui devront être choisis de préférence.

▶▶ **Toujours dresser** un état des lieux des principaux risques de crise en fonction du secteur d'activité de l'entreprise, avant toute prise de parole sur internet

Chapitre 4

Mettre en place une veille efficace

Executive summary

▶▶ **Il existe** différents types de veille ; la veille utile pour la prévention de crise est celle qui permet à l'entreprise de comprendre son environnement en décryptant la façon dont se structurent les communautés et l'opinion autour de son secteur d'activité, de sa marque et de ses produits.

▶▶ **Ce n'est que** lorsque cet environnement est parfaitement appréhendé, qu'elle peut déployer son efficacité en identifiant l'apparition de sujets sensibles et/ou de crises sur les communautés.

▶▶ **S'il existe** de nombreux outils et prestataires offrant des solutions de veille du web, il ne faut pas perdre de vue l'objectif d'efficacité et de rapidité. Une veille pertinente, c'est celle qui fournit à temps une information synthétique et juste.

4. Mettre en place une veille efficace

La veille, pour faire quoi ?

Cette question, d'apparence triviale, est cependant fondamentale. En effet, en fonction des besoins et objectifs identifiés les ressources à mettre en place seront différentes, que ce soit en termes d'outils, de prestataires, de moyens financiers... et de résultats !

Un préalable : identifier ses besoins

Les besoins peuvent être par exemple :
- l'analyse des retombées de différentes prises de parole ;
- la recherche d'arguments sur une problématique spécifique ;
- la mise en place d'une capacité d'alerte en cas d'émergence de sujets sensibles ;
- l'étude des arguments des positions opposées sur un sujet précis...

Or, chacun de ces besoins va requérir des outils différents, des approches variées et des ressources plus ou moins importantes.

Veille marketing, intelligence économique et veille d'opinion

D'une façon générale, on peut considérer qu'il existe trois types de veille qui diffèrent par les résultats attendus et les moyens mis en œuvre.

L'intelligence économique

L'intelligence économique vise à obtenir une compréhension fine de son marché et de ses concurrents. Selon Harold Wilensky, l'un des fondateurs de ce concept, l'intelligence économique est « l'activité de production de connaissance servant les buts économiques et stratégiques d'une organisation[1] ». Une veille réalisée dans ce but sera donc très macro-économique. Il s'agira plutôt d'étudier les mouvements de la concurrence, les tendances de R&D, les risques politiques...

La veille marketing

La veille marketing a pour principal objectif d'écouter les consommateurs, clients potentiels, leaders d'opinion, etc. qui s'expriment afin de mieux comprendre leur relation à la marque : étude de la

---
1 Source : Wikipedia.

satisfaction-client, compréhension des raisons de consommation (ou de non-consommation), identification de tendances de fonds.

Cette veille s'apparente plus aux méthodes traditionnelles de sondage. Il s'agit là d'identifier les évolutions profondes des consommateurs et d'anticiper d'éventuels changements ou nouveaux besoins.

Cette veille ne requiert pas de périodicité courte ; des rapports bimensuels, voire mensuels peuvent suffire en fonction du sujet et de l'actualité (un sujet grand public requerra une périodicité plus importante qu'un thème BtoB). Les rapports portent avant tout sur l'expression de la satisfaction client et les thématiques émergentes traitées par les consommateurs.

La veille d'opinion

La veille d'opinion est celle sur laquelle repose la prévention de crise. Elle consiste à identifier les mouvements potentiels d'opinion avant qu'ils ne se déploient. Dans une perspective de « long » terme, il s'agit d'identifier et de comprendre le développement de thématiques sociétales susceptibles d'être liées aux métiers de l'entreprise (par exemple la protection de l'environnement, l'égalité homme-femme, la sécurité alimentaire, les conditions de travail des sous-traitants, la déforestation…).

Dans une perspective plus court terme, la veille d'opinion a pour objectif d'identifier en temps quasi réel les alertes porteuses de risque potentiel. Bien entendu, ces alertes devront être qualifiées en fonction de leurs sources, toutes ne se valant pas.

Fiche pratique
Les questions à se poser avant de mettre en place une veille

- **Sur quoi la veille doit-elle porter ?**
Est-ce sur la marque, sur l'entreprise, sur ses dirigeants, sur un site en particulier ? Plus il y a de thèmes, plus cela nécessitera de ressources.

- **À quoi va-t-elle me servir ?**
L'objectif de la veille va déterminer ce qu'il faudra chercher et de quelle manière. Attention donc aux objectifs trop larges qui aboutissent soit à une veille impossible

à mettre en œuvre (car trop coûteuse en moyens) soit qui, voulant satisfaire tout le monde, aboutit à un résultat au final insatisfaisant.

- **À qui est-elle destinée ?**

Selon le destinataire, la typologie des informations ne sera pas la même : un service communication ou marketing cherchera des données précises, alors qu'une direction d'entreprise requerra des éléments très synthétiques.

- **Sur quel périmètre doit-elle porter ?**

Sera-t-elle uniquement sur le marché français ? Doit-elle être faite dans des langues étrangères ?

- **Quelles sont mes ressources ?**

Cela comprend les ressources à la fois en personnel (disponibilité/compétence) et en moyens financiers. L'arbitrage permettra de s'orienter plutôt vers une solution interne ou externe.

Ne pas rechercher l'exhaustivité

Lors de la mise en place d'une veille d'opinion sur internet, l'une des erreurs les plus courantes consiste à vouloir disposer d'une veille exhaustive. En effet, de nombreux outils – dont la plupart sont gratuits – permettent de fouiller le web de façon précise et d'obtenir en peu de temps des quantités considérables d'informations.

L'idée de savoir en temps réel ce qui est dit sur son produit ou sa marque peut paraître au premier abord séduisante. Mais très rapidement, le destinataire de la veille se retrouve noyé sous un déluge de données dont il ne sait finalement que faire.

La première caractéristique d'une veille sur internet, c'est donc la sélection de l'information. Selon Guilhem Fouetillou, le co-fondateur de Linkfluence, institut d'études spécialisé sur le web, 0,3 % des contenus font 95 % des audiences. Il est donc indispensable de se concentrer sur ces contenus « utiles », puisque ce sont eux qui font l'opinion.

Exemple

Le web invisible… doit le rester !

De nombreuses entreprises de veille sur le web parlent du « web invisible », c'est-à-dire des pages web qui ne sont pas indexées par les moteurs de recherche. Il s'agit principalement de bases de données, de sites en flash, de contenus non liés ou à accès limité… Selon diverses études d'universités américaines (Berkeley,

UCLA...) ce web invisible ou profond pourrait être jusqu'à 500 fois plus important que le web « indexé ».

Si l'étude du web invisible peut s'avérer éventuellement intéressante pour une approche de type « veille économique », elle n'a que très peu d'intérêt dans le cadre d'une veille d'opinion. En effet, ce qui est invisible n'a de fait que peu d'impact sur l'opinion...

Avis d'expert

Véronique Senèze, responsable du département veille et ressources d'informations, au service d'information du Gouvernement

Comment définiriez-vous le rôle de la veille d'opinion sur le web ?

La veille d'opinion sur le web est complémentaire des sondages ou de la veille médiatique. Elle fournit aux décideurs un état de l'opinion des internautes et des acteurs susceptibles d'influencer cette opinion. La veille a une dimension prospective car elle permet d'identifier des sujets ou des arguments « émergents » avant qu'ils ne soient au cœur de l'actualité.

Qu'est-ce qui fait qu'une veille est efficace ?

Une veille efficace est d'abord question de méthodologie. Je conseillerais d'avoir une double approche : l'une par collecte active avec un dispositif classique d'alertes ou de recherches par mots-clés ; l'autre par collecte passive sur un environnement donné où l'on observe alors, sans *a priori*, les sujets abordés de manière spontanée par les internautes, indépendamment de ce qui peut être dicté par l'actualité. Les forums généralistes sont des mines d'informations.

Une veille efficace c'est aussi une veille qui fournit des résultats à temps (quelques heures en cas de crise) et qui permet d'anticiper et de faire remonter des signaux faibles.

Au-delà des outils c'est avant tout la compréhension du sujet, de l'environnement et des mécanismes de formation de l'opinion sur le web qui comptent.

Quelles sont les erreurs à ne pas commettre ?

Foncièrement sur internet, tout peut devenir polémique. Pour éviter de surréagir, il est essentiel de bien connaître son environnement de veille et d'en mesurer les variations. Concrètement, cela signifie qu'il est souvent plus efficace d'observer de façon régulière les quelques sites qui comptent plutôt que chercher à avoir une vision exhaustive – ce qui est un non-sens sur internet – de ce qui est dit ou écrit sur un sujet donné. L'erreur traditionnelle, c'est de croire que la veille requiert peu de ressources, de nombreux outils étant gratuits.

>> Ne serait-ce qu'en temps, en fonction des attentes, la veille peut très vite devenir extrêmement lourde.
Enfin pour bien anticiper, il est essentiel de rester ouvert à l'inattendu.

Une veille pour quel résultat ?

Le rôle de la veille, et en particulier de la veille d'opinion, revient à fournir une capacité de compréhension de ce nouvel espace ainsi que des clés de décryptage pertinentes et immédiatement utilisables.

Cependant, si l'approche peut s'avérer similaire d'une entreprise à l'autre, il est difficile pour autant de définir des indicateurs standard, chaque société, chaque institution ayant besoin d'éléments spécifiques en fonction de ses problématiques du moment.

Apporter de l'intelligence, mieux comprendre son environnement

Le rôle premier d'une veille « intelligente », c'est de redonner du sens, de la perspective à l'information.

Les multiples outils – gratuits ou payants – remontent quantité d'informations mais reste à savoir comment les exploiter. Les propos tenus sur tel ou tel blog ont-ils vraiment un impact ? Quel est l'influence des sites identifiés ? Comment tel site influence tel autre ? Quels sont les positionnements politiques, idéologiques des sites ?...

Fiche pratique
Les critères d'une veille efficace

- **Quantitatifs** :
– répartition des occurrences par type d'espaces d'expression : médias en ligne, commentaires d'articles, blogs, commentaires de blogs, sujets de forum, messages de forum, tweets, espaces Facebook, Messages Facebook, LinkedIn, vidéos YouTube, photos Flickr… ;
– le nombre d'occurrences (éventuellement corrélé avec le nombre de sites/pages Facebook/comptes Twitter afin de déterminer l'éventuelle concentration ou dispersion des sources). Cette donnée peut être étudiée dans le temps ;
– la tonalité des occurrences : positives, neutres, négatives ;
– identification des « gros » contributeurs

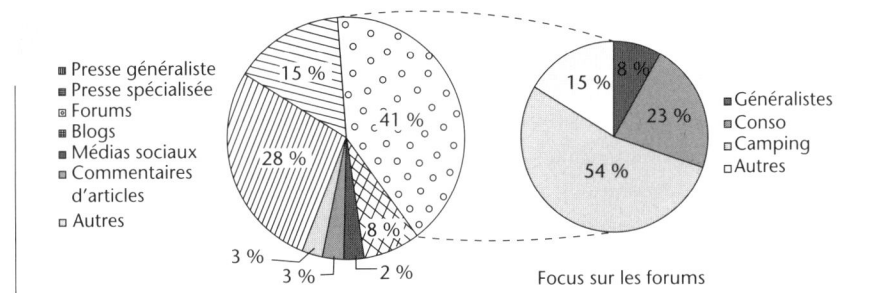

Classification des occurrences d'une marque de matériel par espaces d'expression (© BWI)

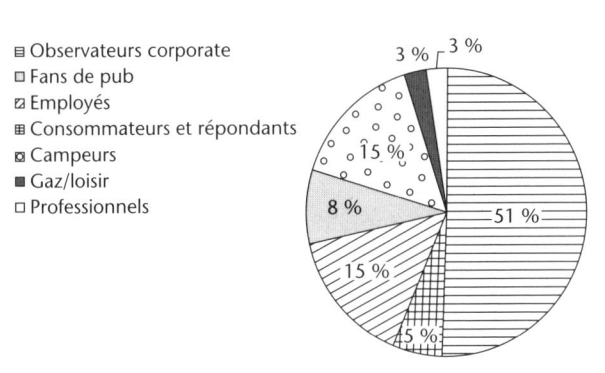

Classification des occurrences par leurs auteurs (qui parle de la marque ?) (© BWI)

• **Qualitatifs :**

– sujets les plus évoqués. Pour chacun de ces sujets il est pertinent de fournir des données de volume (soit en occurrence soit en pourcentage d'occurrences) et d'indiquer des citations représentatives des commentaires ;

– sujets « sortants » (de moins en moins évoqués) et « entrants » (nouveaux sujets évoqués) ;

– sujets à surveiller : ce peut être soit des sujets qui « montent » en visibilité brutalement, ou des points particulièrement « sensibles » évoqués.

• **Autres critères…**

– dynamique de l'information : d'où vient l'information, quelles sont les sources les plus actives ? Les plus fréquemment citées (les plus influentes) ?

Exemple

Dans le secteur de la défense, la structuration des communautés est assez typique avec deux environnements très distincts : les sites de « spécialistes » (des blogs, des forums, des fils Twitter) et les sites de « non spécialistes » (sites de médias généralistes, sites politiques, sites économiques…).

> Il est intéressant d'observer qu'il y a très peu de communications entre ces environnements. Chacun reste bien dans son domaine : les généralistes sur l'actualité (avec un côté plutôt émotionnel), tandis que les spécialistes se répartissent autour de deux « sous-communautés », l'une plutôt orientée « stratégie » et l'autre très « techniques ». Un ou deux blogs seulement font le lien entre les environnements de « spécialistes » et de « non spécialistes ». Lorsque l'on connaît ces données, la veille devient bien plus efficace. En fonction de l'endroit où apparaissent l'information et des canaux qui la relaient, le veilleur peut prévoir les grandes lignes de son développement et éventuellement agir auprès des « intermédiaires[1] » identifiés afin d'éviter ou de limiter une propagation entre ces deux communautés.

La compréhension de son environnement ainsi que la connaissance de l'écosystème du web 2.0 et de son fonctionnement permettent également de prendre du recul sur les propos tenus. En effet, une des caractéristiques surprenantes du web, c'est la violence des propos tenus. Ce point abordé dans la première partie (voir p. 14) peut être assez traumatisant au départ pour les décideurs de l'entreprise. Et cela d'autant plus qu'ils sont souvent d'une génération peu habituée à l'outil et à ses codes. Le rôle du veilleur sera dans ce cas de relativiser cette matière afin d'éviter une sur-réaction de l'entreprise. Il s'agit de comprendre et de décoder alors les effets de seuil de visibilité. Une vidéo postée sur YouTube, atteint très rapidement 200 « vues » ; mais est-ce vraiment important ? C'est à cette question qu'une veille efficace doit répondre.

Sans cette mise en perspective, la veille ne peut être efficace. Ce n'est qu'un amas de données qui n'apporte aucune information. La compréhension de ce milieu de l'internet, de son fonctionnement et de ses règles, en dehors d'idées préconçues, permet d'éviter bien du stress inutile.

Identifier les risques potentiels le plut tôt possible

Cette compréhension de l'environnement a bien évidemment pour première fonction l'identification des sujets à risques le plus en amont possible.

Plus une marque est connue, plus il y aura de « bruit » autour d'elle, et plus la connaissance de l'environnement et l'identification des communautés s'avère vitale pour faire la part des choses et anticiper les risques de façon efficace.

---

1 Voir p. 54.

> **Exemple**
>
> Le cas du blog Train-Train quotidien (voir p. 18) est assez significatif de ce manque de compréhension de leur environnement que pouvaient avoir certaines entreprises, lors de l'émergence du web 2.0.
>
> Quelles que soient les raisons – valables ou non – pour lesquelles la SNCF, en mars 2007, avait fait retirer un article du blog en s'adressant directement à l'hébergeur, il aurait été indispensable avant tout de se renseigner plus exactement sur ce blog et son propriétaire. Ce travail de veille aurait permis à la SNCF de se rendre compte que son auteur, Xavier Moisant, était un expert reconnu de la websphère, créateur du blog « Place de la Démocratie » et directeur du pôle « digital » d'une grande agence de communication parisienne. Bref, un spécialiste du sujet.
>
> Non seulement l'hébergeur a été obligé de réintégrer rapidement la page effacée de façon illégale, mais de plus la réaction de la communauté a été des plus virulentes. Au final, le comportement de la SNCF a été même stigmatisé dans les médias traditionnels et a donné une visibilité inespérée au blog, qui jusque-là était plutôt inconnu.

Avis d'expert

Carlo Revelli, président-directeur général de Cybion, entreprise de veille stratégique sur internet créée en 1995

Comment voyez-vous les nouveaux risques d'internet ?

Le schéma de contestation du consommateur a changé depuis quelques années. Lorsqu'il n'est pas content d'un produit, il peut se connecter à des forums et rédiger des messages avant même d'entrer en contact avec l'entreprise concernée. Certains concurrents peuvent profiter pour surenchérir et entacher encore plus la qualité d'un produit. Combien d'internautes vérifient l'information ? Combien parmi eux vont croire ou même lire un démenti publié par une entreprise par rapport un forum populaire qui a généré des milliers de messages autour du produit ?

Ce même schéma peut s'appliquer à différents domaines : le tourisme, les investissements étrangers, l'emploi, etc.

En parallèle de cette nouvelle relation à l'information, la production sur le Net est en forte progression. En 2006, elle a représenté plus de 181 exabits, soit l'équivalent de la production littéraire depuis les débuts de l'humanité[1]. La démocratisation d'internet, la multiplication des types des sources et la facilité

»

---

1 Source : IDC/EMC, 2007.

>> d'utilisation des outils de publication (site, blog, web social, etc.) augmentent le risque des rumeurs (vraies ou fausses) qui seront diffusées.
Toute entreprise doit donc surveiller son environnement, celui de ses concurrents, de ses fournisseurs, de ses clients et de ses collaborateurs.

Faciliter la prise de décision

Enfin, l'objectif final de la veille c'est bien de faciliter la prise de décision. C'est-à-dire de fournir des éléments clés pour décider de la meilleure stratégie de communication à développer sur le web ; cela peut aller de l'absence de réaction à l'élaboration d'une réponse « publique ».

La stratégie d'une personne ou d'une organisation peut être justement d'amener l'institution ou l'entreprise à (sur)réagir afin de disposer d'une reconnaissance médiatique. La veille efficace peut permettre de percer cet objectif à jour et donc aboutir à conseiller le silence face à des provocations.

L'identification précoce d'une multiplication de prises de parole des internautes sur un produit ou un positionnement de l'entreprise facilite la prise de décision afin d'éviter que la situation ne dégénère rapidement.

Exemple

Le 2 mai 2011, la marque de produit épilatoire Veet lançait une nouvelle campagne intitulée « Mon minou tout doux », principalement constituée d'un site web au look faussement Hello Kitty[1]. Là, un jeu proposait à l'internaute de passer le « test du matou » : il s'agissait de raser une petite chatte et, ensuite, un chat venait inspecter le résultat et selon l'habileté de l'internaute, ronronnait ou partait d'un air dégoûté.
Ce site jouait donc essentiellement sur l'ambiguïté.
Les réactions négatives des internautes – et surtout de la cible visée initialement, les adolescentes – se sont propagées en quelques heures. Une pétition a même été mise en ligne[2] et les médias en ligne se sont emparés du sujet dont Elle.fr, tf1.fr, lexpress.fr... Le 6 mai, Veet fermait le site face à cette levée de bouclier des internautes.

---

1 www.monminoutoudoux.com
2 http://petitionpublique.fr/PeticaoAssinar.aspx?pi=P2011N9534

Les secrets d'une veille efficace

Bien connaître l'entreprise

Que la veille soit réalisée en interne ou en externe, *via* un prestataire, elle n'est efficace que si celui qui la réalise connaît bien l'entreprise, ses produits, ses enjeux, ses risques…

Or, trop souvent, le rôle du veilleur est confié soit à un stagiaire soit à un jeune salarié récemment embauché sous prétexte qu'étant « jeune » il connaît et maîtrise bien mieux internet et les réseaux sociaux que ses aînés. Si c'est probablement vrai, ce n'est pas suffisant. Le meilleur expert de Facebook ou Twitter s'avère inefficace s'il ne sait pas ce qu'il doit chercher ou surveiller. Par ailleurs, le responsable de la veille peut être amené à s'exprimer au nom de l'entreprise ; s'il ne connaît pas ses valeurs ou son positionnement, cela peut s'avérer catastrophique en termes d'image.

Dans le cas d'une veille réalisée en interne, l'approche la plus efficace est dans un premier temps l'association d'un « spécialiste » du web avec un « connaisseur » de l'entreprise. Ce travail à 4 mains élargit le champ de compétence de chacun et surtout améliore considérablement l'efficacité de la veille.

Dans le cas d'une veille externalisée, au-delà d'un *briefing* très complet et précis du prestataire par l'entreprise, il est indispensable de mettre en place un fonctionnement itératif permanent. C'est en demandant au prestataire d'investiguer systématiquement de nouvelles pistes et de justifier son analyse, en le challengeant en permanence que son efficacité s'accroîtra. Le lien prestataire-entreprise doit être constant et extrêmement rapide. Si les analyses du prestataire finissent dans un tiroir sans aucun retour, ou s'il s'avère impossible de contacter en temps réel le prestataire pour lui demander d'effectuer telle ou telle recherche sur un point précis, la veille perd considérablement de son intérêt.

Se constituer un réseau

Un des moyens très efficaces de renforcer la performance de sa stratégie de veille est de pouvoir constituer un réseau de personnes sensibilisées aux problématiques recherchées. Partant du principe que l'union fait la force, il s'agit de s'appuyer sur toutes les bonnes volontés disponibles pour aider à identifier et faire remonter ce qui a pu être dit sur les réseaux sociaux.

4. Mettre en place une veille efficace

Ce réseau pourra tout d'abord être constitué de membres de l'entreprise. Il est évident que si les salariés sont sensibilisés à l'importance de l'image de l'entreprise sur internet, cela ne peut être que bénéfique. Il peut tout simplement s'agir de demander à ce qu'ils envoient systématiquement à une personne ou une adresse mail de la société tous les éléments vus sur internet qui leur semblent d'intérêt. Cette démarche simple permet de démultiplier le nombre de veilleurs.

Mais l'efficacité de la veille sera d'autant plus grande qu'elle pourra se reposer sur des personnes plutôt éloignées des centres d'intérêt immédiats de l'entreprise ; c'est en sortant des « sentiers battus » que ces veilleurs auront l'opportunité de repérer des éléments ou des opinions différentes de ce que peut identifier une veille traditionnelle.

Comment se constituer ce réseau ? Essentiellement par l'échange. Un des grands principes de fonctionnement du web social pourrait être « aide les autres et les autres t'aideront ». C'est en développant des relations avec d'autres internautes ayant des préoccupations similaires, en interagissant avec des communautés, en apportant des informations au groupe, que l'alchimie peut prendre.

Exemple

Bientôt tous curators ?

Après le « community manager » voici venu l'ère du « *curator* ». Ce concept consiste à identifier, trier et éventuellement diffuser, de l'information sur un thème donné en fonction des destinataires. Si à la base nous sommes quasiment tous « *curators* » (qui n'a pas envoyé un lien à quelqu'un en lui indiquant que cela pourrait l'intéresser) cette notion commence à se propager sur le web 2.0 en profitant de la force du web collaboratif.

Ainsi des sites comme scoop.it ou pearltrees.com invitent les internautes à s'allier pour faire de la « curation » sur des thèmes précis, chacun partageant ses « trouvailles » du web avec les autres. Au final, une sorte de veille collaborative.

Avis d'expert

Christophe Pelletier, directeur associé, Euro-RSCG C&O

Lorsque j'étais directeur de la communication de Yahoo ! (2007-2011), mon rôle consistait notamment à suivre ce qui se disait sur Yahoo ! sur internet, et particulièrement sur les réseaux sociaux. Cependant, comme Yahoo ! est une

»

>> marque extrêmement populaire (*via* ses divers produits et services, Yahoo ! touchait alors un internaute sur deux), l'utilisation simple des moteurs de recherche ou d'outils de veille s'avère assez peu efficace puisque cela fait immédiatement remonter plusieurs milliers d'occurrences dont la très grande majorité n'est pas pertinente dans ce cadre.

Mon approche a alors été de mettre en place une veille permanente : dans un premier temps, au moins 3 à 4 fois par jour je surveillais les sites et quelques personnes (journalistes et blogueurs) sur les réseaux que j'avais identifiés comme référents du fait de leur expertise, mais aussi de leur influence auprès d'autres sites.

Ensuite, je m'appuyais sur les liens que j'avais pu développer au sein de mon réseau, dont des internautes fans de Yahoo ! avec qui j'échangeais régulièrement. Il n'était pas rare ainsi que l'un ou l'autre m'envoyât un message pour attirer mon attention sur telle page web, tel commentaire sur Facebook ou tel tweet citant Yahoo !. Cette communauté d'individus est certes plus complexe à gérer, mais elle constitue un outil très efficace en termes de granularité de l'information dès lors que les profils des personnes sont différents et donc complémentaires. Cela ne fonctionne d'ailleurs que sur le principe de la réciprocité ; de mon côté, dès que la situation le permettait, je partageais avec ces internautes les informations qui me semblaient être susceptibles de les intéresser, et notamment lors de lancements de versions bêta de nouveaux services.

Être précis, s'engager : « less is more »

La véritable efficacité d'une veille réside dans sa capacité extraire à temps et de façon synthétique l'information essentielle de la somme de données récoltées. À l'heure du Blackberry et de Twitter, les décideurs destinataires des rapports de veille n'ont pour la plupart que quelques minutes à consacrer. Il n'est donc pas envisageable de leur transmettre un rapport de dizaines de pages sur les trois tendances émergentes du web.

Sans compter que, dans la plupart des cas, la veille d'opinion a pour objectif de donner rapidement la position des acteurs clés du web sur un sujet émergent. Le temps joue alors un rôle essentiel.

La veille efficace doit donc permettre de faire comprendre en un clin d'œil les enjeux principaux. Selon les cas et les sujets, il peut s'agir de fournir un tableau de bord rassemblant quelques critères clés (cf. avis d'expert ci-dessous) ou alors de citer des commentaires publiés par les internautes qui semblent être représentatifs d'un sentiment général. Dans ce dernier cas, il faut être très prudent puisque tout dépend de la bonne perception par le veilleur de l'environnement. Pour que cette méthode soit fiable, il faut posséder une réelle connaissance du sujet et des communautés d'internautes.

Avis d'expert

Stanislas Magniant, directeur, Publicis Consultants Net Intelligenz

Qu'est-ce que selon vous une bonne veille ?

Pour moi, une bonne veille c'est 30 % d'outils et 70 % d'intelligence. Aujourd'hui, c'est à la portée de n'importe qui, avec les outils disponibles, de créer des indicateurs de la présence d'une marque sur le web. Par contre, ce qui est nettement moins simple, c'est de leur donner du sens. En résumé, la veille se mesure avant tout à l'aune de la valeur ajoutée qu'elle produit, c'est-à-dire de la qualité des résultats obtenus. Cela repose avant tout sur le veilleur.

Quelles sont selon vous les caractéristiques d'un bon veilleur ?

Le bon veilleur c'est celui qui sait décoder les mouvements d'opinion en avance de phase et qui comprend parfaitement les enjeux et attentes de l'entreprise pour laquelle il travaille. La valeur ajoutée de la veille se trouve au croisement de ces deux compétences.
Pour y arriver, il faut qu'il y ait une relation forte entre le veilleur et son « client » (qu'il soit interne ou externe). Rien n'est pire pour un veilleur qu'une veille qui soit « lettre morte ». Non seulement c'est assez démotivant pour lui mais de plus l'absence de réaction amène souvent le veilleur à se relâcher. Or c'est l'attention permanente qui rend le veilleur efficace. Il ne s'agit pas de veiller de 15 heures à 18 heures le jeudi puis de ne plus y penser jusqu'au jeudi de la semaine suivante.
Il ne faut pas oublier que la veille va être à la base de décisions importantes au niveau marketing ou communication : mieux vaut être sûr du veilleur et de sa production…

Vaut-il mieux internaliser ou externaliser la veille ?

La veille requiert des compétences techniques, du temps et une bonne connaissance de l'entreprise. Si ces moyens sont tous disponibles au sein de l'entreprise, il n'y a aucune raison de l'externaliser. Par contre s'il y a un problème de ressources ou de compétences, la solution la plus rapide et la plus efficace est sans doute l'externalisation.

Comment réaliser sa veille ?

Il existe de multiples prestataires et outils dédiés à la veille et à l'étude de l'e-réputation sur internet. L'innovation extrêmement rapide dans ce domaine fait que de nouvelles solutions apportant des fonctionnalités innovantes, des approches inventives, des prestations originales... apparaissent en permanence sur la toile. Créer donc une liste des « meilleurs » outils ou prestataires serait quelque peu vain... Malgré ce foisonnement, il semble intéressant de se pencher sur quelques acteurs qui aujourd'hui ont su démontrer leur efficacité.

Les solutions gratuites

Les solutions gratuites sont constituées d'outils et de sites qui offrent des services plus ou moins évolués de veille de l'internet et des réseaux sociaux. Véritable écosystème foisonnant autour des grands réseaux – Twitter, Facebook, LinkedIn... – et des blogs, ces acteurs souvent au stade de la version « beta » apparaissent et disparaissent assez rapidement.

Les moteurs de recherche

C'est bien entendu la première source d'information. Pour mémoire Google dispose d'une part de marché supérieure à 90 %. Cela signifie que 9 fois sur 10 lorsqu'un internaute fait une recherche sur le Net, il passe par Google ; mieux vaut donc y suivre ce qui apparaît sur les sujets sensibles pour l'entreprise. Les autres moteurs de recherche dans l'ordre d'importance sont Bing, Yahoo et Orange[1].

La recherche de personnes

Ces méta-moteurs agrègent des données provenant de plusieurs moteurs de recherche ou de plusieurs sources afin de retrouver des informations sur une personne. Le plus connu est sans conteste 123people (www.123people.com).

Les agrégateurs d'informations

Ce sont les sites qui agrègent différentes sources d'informations de façon synthétique. Les plus connus sont GoogleNews et YahooNews.

---

[1] Source : AT Internet, avril 2011.

Les sites d'alertes

Plusieurs sites se sont spécialisés dans le suivi de Twitter dont notamment TweetBeep (tweetbeep.com) ou TeweetAlarm (www.tweetalarm.com) qui envoient une alerte par mail à chaque fois que des mots clés sélectionnés par l'utilisateur apparaissent sur Twitter.

Les moteurs de recherche sur réseaux sociaux

Ils permettent d'avoir en quelques secondes un aperçu de la visibilité d'un sujet sur la plupart des réseaux sociaux. Parmi les plus connus il y a Samepoint (www.samepoint.com), SocialMention (www.socialmention.com) et Whostalkin (www.whostalkin.com).

Les moteurs de recherche de blogs

Parmi les plus connus il y a Google Blogs (blogsearch.google.com), Technorati (technorati.com) ou Blogpulse (www.blogpulse.com). À noter que ce dernier site offre la possibilité de faire un graphique de l'occurrence d'un terme sur les blogs. Un outil pratique pour déceler le « décollage » d'un sujet sur le web.

Les moteurs de recherche de forums

Les forums de sites tels que Doctissimo, aufeminin.com, commentcamarche.net… sont non seulement très actifs, mais également souvent à l'origine de l'apparition de sujets potentiellement sensibles. Les moteurs de recherche de forums permettent de repérer les conversations éventuelles sur des thèmes prédéfinis, de tracer leur historique et d'évaluer leur importance (en volume), le plus souvent de façon graphique visuelle.

Attention cependant, la plupart de ces solutions de suivi de forum sont d'origine anglo-saxonne, et donc répertorient de façon partielle les forums francophones.

Parmi les plus efficaces sur les forums francophones, on trouve Boardreader (boardreader.com) et omgili (omgili.com).

Les autres

MentionMap (http://apps.asterisq.com/mentionmap) est un site très intéressant qui réalise un graphe des relations d'une personne sur Twitter à partir des mots clés et de ses relations. Un moyen de voir en un coup d'œil ses sujets de prédilection.

De même, Touchgraph (www.touchgraph.com) offre la possibilité de mettre en avant sous forme graphique les liens entre des pages sur un même sujet.

Toujours dans cette approche graphique, Wikipedia-Roll (http://www.api-exploration.net/mashups/wikipedia-roll) est un outil qui permet, à partir de mots-clés, de voir comment un sujet est présent sur Wikipedia, une approche très utile pour évaluer en quelques clics la présence d'un thème sur l'encyclopédie en ligne.

Enfin, WasaLive (fr.wasalive.com) donne de façon très rapide les tendances d'un sujet sur le web à partir de mots clés (répartition des retombées par type de sources, chronologie des retombées et estimation de leur influence).

D'une façon générale, pour découvrir les dernières innovations en matière de logiciels de veille, il suffit d'aller régulièrement sur les sites spécialisés dans ces sujets. Ils sont là aussi nombreux, mais les plus actifs sont sans doute Cadde-reputation (http://caddereputation.over-blog.com/) un blog dédié à la e-réputation qui maintient à jour une liste imposante d'outils de veille gratuits, et le blog « Demain la veille » (www.demain-laveille.com) spécialisé sur les outils de veille et de recherche d'informations en ligne.

Les solutions de veille payantes

La palette des solutions de veille payantes s'avère extrêmement vaste, et le choix de l'une d'elles dépend des moyens et attentes que l'on peut avoir. Les acteurs se répartissent en trois catégories : les agences de communications, les « *pure players* » et les prestataires de solutions logicielles.

Les agences

Les agences de communications « traditionnelles » offrent aujourd'hui pour la plupart des prestations de veille de l'opinion sur internet. L'intérêt de travailler avec une agence est de pouvoir profiter à la fois d'une forte capacité de conseil et d'une palette très large de services. D'un autre côté, il faut bien avoir en tête que le recours à ces services peut s'avérer assez coûteux.

Parmi les agences reconnues pour leur capacité à offrir une veille efficace, on trouve notamment Publicis Net Intelligenz, Edelman, le groupe i&e, Burson Marsteller, TBWA Watch, EuroRSCG, Havas…

Les « pure players »

Ce sont les prestataires spécialisés sur la veille internet. Depuis quelques mois, leur nombre ne cesse de s'accroître de façon exponentielle. Les prestations peuvent être très variées allant de « l'écoute » du web jusqu'au conseil à la mise en place de stratégies de communication vers les communautés. Il est important de bien faire attention au choix de son prestataire ; certains n'hésitent pas à devenir des « marchands de peur ».

Quant au « conseil », il peut être très variable en termes de valeur ajoutée. Dans tous les cas, refusez systématiquement de mettre en place des actions dont l'éthique pourrait paraître discutable. Parmi les *pure players* qui ont su se forger une réputation solide à la fois au niveau de leur efficacité ou de leur éthique, sur le marché français et qui disposent d'un historique solide, on trouve notamment LinkFluence, le cabinet BWI, SpinTank, Human to Human, Cybion...

Les outils

Le marché des outils payants de veille foisonne de solutions plus ou moins efficaces, plus ou moins pérennes... Le recours à ces outils peut être très efficace mais nécessite, dans de nombreux cas, de réelles connaissances informatiques pour les utiliser au maximum de leurs possibilités.

Sur ce marché, quelques prestataires (comme par exemple AMI Software, Digimind, Radian6...) disposent aujourd'hui d'une véritable reconnaissance avec des solutions très utilisées, notamment par quelques *pure players* et par les agences.

Avant d'en choisir un spécifique, il peut être intéressant de se les faire présenter, voire de les tester car bien souvent, ils s'avèrent bien moins intuitifs à l'utilisation que dans leur présentation initiale.

En conclusion, s'il existe de multiples offres de services en fonction de ses objectifs et de ses ressources, il est important cependant de bien les étudier et d'être attentif à leur contenu. Évitez systématiquement tous les prestataires qui vous proposent des actions qui ne vous semblent pas conformes aux valeurs du net. Un bon moyen de juger de la pertinence des recommandations, consiste à se demander si cela poserait un souci si des médias venaient à l'apprendre. Si la réponse est « oui », alors évitez de mettre l'action proposée en place.

> **Exemple**
>
> **Quand un spécialiste de l'influence se prend les pieds dans les fils du Net**
>
> Mi-mai 2011, la guerre que se mènent Facebook et Google est apparue au grand jour. La filiale américaine d'une agence de relations publiques mondialement connue s'est fait surprendre en train de mener une campagne de dénigrement de Google auprès des blogueurs influents du web pour le compte de Facebook[1]. Pour cela les consultants de l'agence appelaient les blogueurs pour leur suggérer de s'intéresser à la façon dont Google gère la protection de la vie privée dans ses services. Bien entendu, ils ne mentionnaient pas qu'ils étaient rémunérés par Facebook. Mais l'étrangeté de la démarche a vite fait de mettre la puce à l'oreille de ces blogueurs et il n'a fallu que quelques jours pour qu'ils découvrent le pot-aux-roses.
>
> Si l'affaire a fait autant de bruit dans les médias, ce n'est pas tant parce qu'elle opposait les deux mastodontes du Net, mais surtout parce qu'elle révélait la méconnaissance de « l'éthique du web » de cette agence. Cette dernière a été vilipendée par toute la websphère pour son comportement malhonnête. De plus, ce comportement a également nui à l'image de son client Facebook. Face à la fronde l'agence a dû faire amende honorable et le PDG avoua, un peu tard certes, que ce type d'action ne correspondait pas aux « standards de la profession » et que l'agence se devait d'être complètement transparente à propos de ses clients lorsqu'elle s'adressait aux médias[2]… Bref d'être éthique !

L'essentiel

▶▶ **Veiller** c'est comprendre son environnement de façon objective, sans pour autant être « paranoïaque »

▶▶ **Une veille** efficace n'est pas exhaustive mais fait le tri entre le bruit de fond généré par la multitude d'interventions peu pertinentes et les conversations entre leaders d'opinion qui façonnent l'opinion.

▶▶ **La clé** du succès de la veille : disposer d'un réseau de personnes :
  – employés de l'entreprise, prestataires, partenaires, relations… ;
  – sensibilisées aux les enjeux de l'entreprise, de la marque et surtout curieux.

---

1 *Le Monde*, « Facebook a financé une campagne anti-Google », 12 mai 2011
2 http://www.burson-marsteller.com/Newsroom/Pages/Burson-MarstellerStatement.aspx

Chapitre 5

Communiquer de façon efficace sur les sujets sensibles

Executive summary

▶▶ **Communiquer** de façon efficace sur des sujets sensibles, nécessite de développer une relation sincère vers les communautés les plus influentes concernées par ces thématiques.

▶▶ **Dans un premier temps**, cela passe par la construction de discours structurés autour de messages clés qui seront adaptés de façon cohérente aux différents types de supports

▶▶ **Ensuite**, l'entreprise ou la marque doit savoir adopter une posture positive et ouverte tout en surveillant attentivement les discours tenus afin d'éviter la diffusion de rumeurs.

Légitimer son action

Lors d'une crise, et notamment sur le web, l'opinion joue en quelque sorte le rôle d'arbitre. C'est la capacité ou non de la mobiliser sur un sujet précis qui fera que la situation passe du statut de « sensible » à celui de « crise ». La légitimation de la prise de parole sur un sujet sensible auprès de l'opinion devient donc un point clé. Cette légitimité varie selon les sujets et selon les périodes. Si Areva pouvait se permettre de communiquer sur les bienfaits du nucléaire au niveau environnemental avant la catastrophe de Fukushima, cela lui est devenu impossible par la suite. Cette légitimation repose principalement sur deux piliers : la clarté des intentions et une politique d'alliance efficace.

Ne pas avoir peur de parler de ce qui fâche !

Que ce soit sur le web ou dans le monde « réel » (vers les médias, les leaders d'opinion, les riverains...), la communication sur les sujets sensibles liés à l'entreprise est... sensible ! La conséquence de cette difficulté à communiquer se traduit par le choix, conscient ou inconscient, de ne finalement pas communiquer. Or, une réflexion un peu approfondie sur le sujet, permet de réaliser rapidement l'avantage qu'il peut y avoir à se positionner clairement sur ces thèmes *a priori* délicats : une diminution des risques de crise.

Un des exemples les plus flagrants de cette approche est McDonald's. Cette entreprise de restauration rapide s'est positionnée en quelques années de façon forte sur la quasi-totalité des sujets « sensibles » liés à son activité :
- l'emploi « jetable » : sa communication insiste au contraire sur les responsabilités qu'un employé peut rapidement obtenir ;
- la « malbouffe » : McDonald's communique sur les origines françaises de la grande majorité des produits et sur le fait que l'entreprise s'approvisionne auprès de nombreux agriculteurs français ;
- l'obésité, en particulier chez les enfants : l'aspect nutritionnel des produits est systématiquement détaillé à travers une communication spécifique sur l'alimentation équilibrée des enfants sur le site...

Cette stratégie de présence et de prise de parole spontanée sur des sujets *a priori* fortement « crisogènes » pour McDonald's permet à l'entreprise de diminuer le risque d'opposition sur ces mêmes sujets.

À l'inverse, une entreprise qui évite soigneusement de parler de « ce qui fâche » (surtout en interne...) risque tout simplement de se voir violemment prendre à partie par l'opinion, sur le thème de « on nous cache des choses » ; et c'est bien connu : on ne cache que ce dont on n'est pas fier. Certaines de ces entreprises, plus prévoyantes que d'autres, auront peut-être préparé des argumentaires… Mais ce ne sera jamais suffisant. La voix de l'entreprise se « défendant » plus ou moins habilement, et soupçonnée de partialité, sera forcément inaudible face à une association, un groupe d'internautes, un groupe de consommateurs, des médias… forcément plus « impartiaux ».

Pour qu'elle soit efficace, une communication proactive sur des sujets sensibles, ne doit donc ni tomber dans l'auto-flagellation (qui pour le coup pourrait être génératrice de risques) ni apparaître comme purement « cosmétique » voire manipulatoire.

Justifier sa communication

Pourquoi parle-t-on ? Cette question qui peut paraître anecdotique est fondamentale. Dans le bruit ambiant du web, il est indispensable pour être bien entendu d'expliquer clairement sa démarche. C'est l'authenticité de cette démarche – et surtout sa cohérence – qui construisent au final la crédibilité des messages.

Cela est d'autant plus important que les éléments amplificateurs de la communication – sites d'informations, médias en ligne, réseaux sociaux… – en cas de crise auront toujours tendance à prendre la défense du camp le plus faible, donc d'être *a priori* « contre » l'entreprise.

Les gens à qui l'on s'adresse doivent donc pouvoir aisément comprendre l'objectif de la démarche et les intentions.

Exemple

L'éthique dans la défense

Aujourd'hui un certain nombre de sociétés du secteur de la défense ont initié une démarche de communication sur l'éthique. Ce sujet peut paraître incongru, le « marché des armes » étant dans l'opinion assez éloigné des « principes éthiques » couramment admis.

Néanmoins, les acteurs les plus visionnaires, ont vite perçu que le risque lié à une absence de communication sur ce sujet était largement supérieur à celui d'une prise de parole. Tout d'abord parce que les évolutions des sociétés occidentales vont naturellement vers des prises de position fortes liées à une perception morale commune : au niveau des matériels (interdiction des mines par exemple), des méthodes commerciales (systèmes de commissions et de rétro-commissions), des pays clients (respect ou non des droits de l'homme...). Or, ces évolutions se traduisent par des réglementations de plus en plus strictes.

Ensuite parce que ces entreprises à haut niveau technologique doivent attirer de jeunes talents en permanence ; elles se trouvent alors en concurrence avec les stars d'internet qui elles aussi recrutent des profils similaires.

Enfin parce les salariés de ces groupes sont également des citoyens ; ils sont eux aussi sensibles à ces préoccupations et il est indispensable d'y répondre, sous peine de générer des tensions et des malaises en internes.

En annonçant donc la mise en place de « commissions éthiques », ces groupes démontrent clairement qu'ils prennent conscience de l'importance de l'éthique dans leur environnement. Il ne s'agit pas de se positionner en « moralisateur » ou en « chevalier blanc », ce qui serait sans doute mal perçu car identifié comme peu crédible, mais comme une entreprise qui évolue pour s'adapter aux enjeux sociétaux actuels, sans pour autant renier son passé.

Être honnête, ne pas mentir

A *priori*, c'est une évidence... mais pas si évidente que cela !

Mentir sur internet : un risque énorme

Le mensonge est à proscrire sur des sujets sensibles ou en période de communication de crise.

Auparavant, un « petit » mensonge ou une vérité quelque peu déformée pouvait passer. À l'ère du web 2.0, cela devient un risque énorme. Comme on l'a vu précédemment, il suffit de quelques heures, voire de quelques minutes pour réunir des experts d'un sujet sur le web qui viennent alors souligner les incohérences des propos tenus (cf. le cas des fausses pétitions Hadopi évoqué p. 23). De plus, la multiplicité de sources accessibles sur le web, rend cette tâche encore plus simple.

En effet, le mensonge générant le mensonge, l'entreprise se retrouve à mentir de nouveau pour couvrir le précédent mensonge. Très rapidement la situation devient inconfortable et finalement les ressources mobilisées pour gérer le mensonge deviennent plus lourdes que celles qu'il aurait fallu mobiliser pour gérer la révélation de la vérité.

Une fois qu'il a été prouvé qu'une entreprise mentait, sa crédibilité sur le sujet est définitivement détruite et, en conséquence, elle devient alors complètement inaudible sur le sujet.

> **Exemple**
>
> Dès les premiers jours des évènements de février 2011 en Libye, des sites ont publié la liste des matériels de défense vendus par des entreprises françaises, et étrangères, en Libye. Ces informations ne sont pas forcément facilement accessibles, mais peuvent être retrouvées *via* des sites spécialisés par des experts du sujet ; sans compter que des personnes de l'entreprise elle-même peuvent transmettre des informations sur ce sujet (c'est le principe de Wikileaks qui encourage ce genre d'actions).
>
> Dans un monde sans internet et réseaux sociaux, certains acteurs du secteur aurait pu être tentés de nier ces ventes, mais aujourd'hui cela n'est plus possible.

Deux tentations risquées : le mensonge par omission et la transparence totale

En situation de crise ou situation sensible, il peut être tentant de ne pas « tout dire », de lâcher l'information par révélations successives. C'est un jeu dangereux car cela donne rapidement l'impression que l'entreprise cherche à cacher des éléments et démontre une évidente mauvaise volonté.

À l'inverse, recommander une transparence totale s'avère totalement irréaliste voire dangereux. Quelle que soit la crise, il y a des éléments internes à l'entreprise qui doivent rester confidentiels. Alors où est la limite ?

Encore une fois, le principal est d'avoir un discours clair et sincère. C'est-à-dire de donner tous les éléments qui répondent aux préoccupations des publics que l'on a en face de soi. Et si l'on ne donne pas certains éléments, il faut alors pouvoir le justifier de façon honnête : soit on ne peut pas la donner pour des raisons légales (cela est parfaitement compris par la grande majorité des publics), soit on ne dispose pas de l'information (mais elle sera communiquée lorsqu'elle sera connue).

> **Exemple**
>
> **Le coût réel des faux avis de consommateurs...**
>
> Pour ceux qui seraient tentés de se faire passer pour des clients ou consommateurs pour publier quelques commentaires « spontanés » sur des blogs, il est important de rappeler que la directive européenne de mai 2005 considère comme une pratique commerciale trompeuse et déloyale en toutes circonstances, le fait de « se présenter faussement comme un consommateur »,

et l'article L121-1 du Code de la Consommation, applicable aux sites professionnels, ajoute qu'une « pratique commerciale est également trompeuse [...] lorsqu'elle n'indique pas sa véritable intention commerciale ».

Ces pratiques sont punies d'un emprisonnement de deux ans et d'une amende de 37 500 euros, peine qui peut être quintuplée lorsqu'il s'agit de personnes morales qui en sont à l'origine (avis à toutes les agences « d'intelligence économique » qui proposent « d'influencer » le web *via* l'insertion de faux avis et commentaires sur les forums).

S'appuyer sur des alliés : le « smart » power

Faire reconnaître sa pertinence par des tierces personnes est la meilleure façon de légitimer son action. Ce principe de recommandations sous-tend tout le web collaboratif dont c'est le mode de fonctionnement.

Une méthode assez simple mais efficace pour déterminer les alliés les plus pertinents, consiste à partir d'un classement des publics sur internet selon leur influence et leur position (favorable ou non) face à la problématique de l'entreprise :

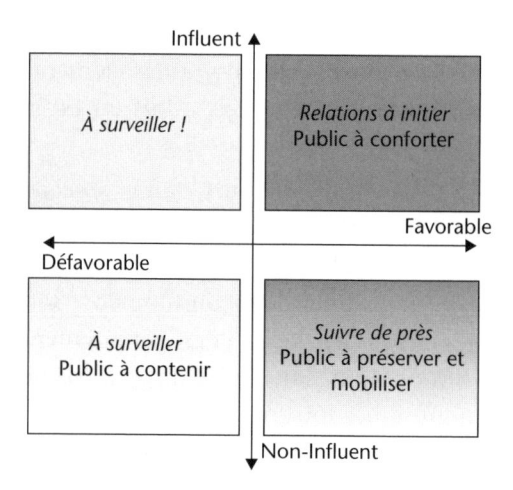

	Influent	
À surveiller !		Relations à initier Public à conforter
Défavorable		Favorable
À surveiller Public à contenir		Suivre de près Public à préserver et mobiliser
	Non-Influent	

Figure 5.1 – Classer les publics selon leur influence et leur position permet de définir une chronologie d'action

À partir de là, quatre stratégies d'approche différentes peuvent être mises en place en fonction des positionnements sur la matrice :

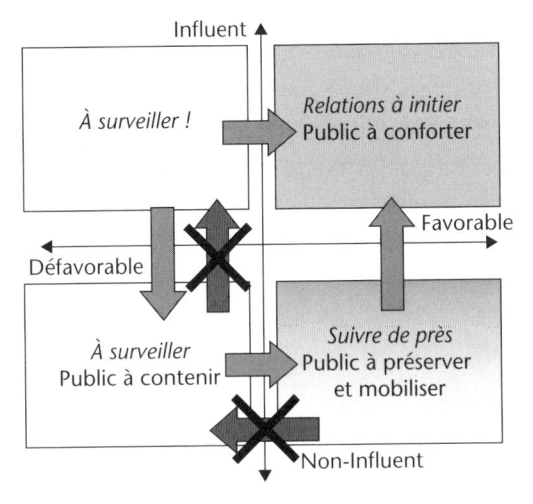

Figure 5.2 – La matrice des publics permet de définir simplement une stratégie d'action

Les influents/favorables

Ce sont bien évidemment les plus importants, car ils se positionnent au cœur de la démarche de légitimation de l'action. La stratégie à développer vis-à-vis d'eux consiste à leur permettre de conserver ce positionnement. Cela repose sur le développement d'une relation de confiance entre l'entreprise et ces publics.

Dans un premier temps, il s'agit de les identifier précisément puis de les contacter, voire de les rencontrer (c'est toujours plus facile d'échanger en cas de crise avec des personnes que l'on connaît plutôt qu'avec des inconnus…). Ensuite, afin de renforcer leur influence, il peut être pertinent de les alimenter en informations de façon systématique, si possible en avant-première, voire de façon exclusive (de la même façon que l'on peut le faire pour des journalistes).

Ce traitement exclusif et valorisant non seulement renforce les relations entre l'entreprise et ces publics mais de plus accroît leur influence puisque ces personnes disposent d'informations que les autres n'ont pas.

Cette relation gagnant-gagnant peut s'avérer extrêmement utile en cas de crise.

Les non-influents/favorables

L'objectif est bien évidemment d'accroître leur influence. Il ne faut pas les ignorer ou les snober car ils peuvent « changer de camp » ou simplement ne pas se sentir concernés en cas de crise. Or, dans une situation difficile, plus il y a d'alliés, mieux c'est. Pour cette raison, il est plus que pertinent de consacrer du temps à ces publics.

Une fois qu'ils ont été identifiés, s'il n'est pas nécessaire de les rencontrer, il peut néanmoins être pertinent de développer une relation personnalisée avec certains d'entre eux à travers l'envoi d'informations régulières par exemple.

Les influents/défavorables

Attention danger ! Ce sont eux qui risquent d'être les premiers à propager une crise sur le réseau, voire à être la source de la crise. S'il y a des acteurs du web qu'il faut connaître, ce sont donc ceux-là.

Deux stratégies sont possibles vis-à-vis de cette population : la conversion ou l'isolement.

La stratégie de conversion a pour objectif de les transformer en acteurs favorables ou tout au moins « moins défavorables ». Cette stratégie assez lourde à mettre en place peut néanmoins s'avérer très efficace envers des acteurs influents mais au final peu impliqués sur la problématique. Pour atteindre cet objectif, il faut dans un premier temps identifier les points d'opposition : une vision partielle de la problématique, une incompréhension du sujet, un enjeu mal appréhendé... Ensuite, il s'agit de bâtir un argumentaire qui reprenne ces points et les traite de façon plus favorable. Enfin, il est bien entendu recommandé de rencontrer si possible ces opposants de façon individuelle afin de leur délivrer cet argumentaire.

La deuxième stratégie d'action possible est l'isolement. Elle est destinée principalement aux acteurs influents ayant une position défavorable et qu'il ne semble pas possible de convaincre. Dans ce cas, l'objectif est de diminuer dans la mesure du possible leur influence en ne s'adressant non pas à eux mais plutôt à leur auditoire, notamment aux « intermédiaires », c'est-à-dire ceux qui font le lien entre deux environnements. Il s'agira, tout particulièrement, de surveiller les liens entre ces opposants influents et les alliés également influents afin d'éviter tout basculement d'alliés vers le camp de l'opposition.

Les non-influents/défavorables

Ils ne sont absolument pas prioritaires dans la démarche de légitimation de l'action. Idéalement il peut être intéressant de les « suivre », mais dans tous les cas, le temps consacré à ces publics sera minimum.

> **Exemple**
>
> **Quelle stratégie pour le Gircor ?**
>
> Le Gircor (Groupe Interprofessionnel de Réflexion et de Communication sur la Recherche) est « une association sans but lucratif créée en 1991 qui réunit les scientifiques, de la recherche publique et privée amenés dans leurs travaux à avoir recours à l'expérimentation animale[1] ». Il s'agit non pas pour cette association de « défendre » l'expérimentation animale, mais plutôt de s'assurer de l'existence d'un cadre législatif français et européen qui garantisse la possibilité de réaliser des expérimentations animales scientifiquement valables et éthiquement acceptables.
>
> La légitimation de l'action du Gircor est bien évidemment un élément essentiel de sa communication. Un travail mené sur la matrice d'influence a rapidement permis d'identifier sur le web, parmi les opposants influents, des associations de défense des animaux et des députés qui s'exprimaient publiquement sur le sujet.
>
> L'étude des discours tenus par ces élus amène à constater que, pour la plupart, il s'agissait de la reprise d'arguments d'associations, situées dans leur circonscription. L'organisation de rencontres entre ces députés et des représentants du Gircor, notamment des scientifiques spécialisés sur la recherche médicale, ont bien souvent permis de les convaincre de la nécessité de telles expérimentations pour le progrès de la médecine et ainsi de les faire basculer, sinon dans le camp des « favorables », tout au moins dans celui des publics « neutres ».
>
> Concernant les associations de défense des animaux et notamment celles qui se proclament « antivivisectionnistes[2] » la stratégie adoptée a été l'isolement, c'est-à-dire repérage des cibles de ces discours et, si elles s'avéraient être influentes, des actions de communication spécifiques étaient menées.

Cette méthode simple mais très efficace sur internet, peut bien évidemment être également développée dans un milieu plus large. Réalisée de façon dynamique, c'est-à-dire en observant l'évolution des positions

---

1 www.gircor.net
2 Au cœur de ces sujets, il y a un point de communication très important qui est le vocabulaire. Ceux qui s'opposent aux tests réalisés sur des animaux parlent de « vivisection » (littéralement : découpage à vif) alors que ceux qui pratiquent ces test parlent « d'expérimentation animale ».

5. Communiquer de façon efficace sur les sujets sensibles

des acteurs dans le temps, elle permet d'identifier rapidement les enjeux de communication et l'éventuelle apparition de zones de risques.

S'adapter au contexte

L'adaptation au contexte et à son auditoire constitue la base d'une communication efficace. Si cette démarche d'adaptation est traditionnellement réalisée vis-à-vis des clients – à travers la publicité, les brochures, les relations presse... – elle est bien moins évidente vers d'autres publics considérés comme « de moindre importance ». Cela d'autant plus si l'entreprise ne s'exprime pas sur ses produits ou services mais sur des sujets « sensibles ».

En effet, le réflexe de protection consiste, face à une audience mal connue, à se retrancher sur un vocabulaire technique ou à évacuer le sujet au plus vite. L'entreprise adopte alors une approche « *top down* » (je vous transmets la « bonne parole ») qui apparaît comme sécurisante dans un premier temps mais s'avère éminemment contre-productive sur le web, en particulier sur le web collaboratif dont la raison d'être est le dialogue et l'échange sur une base « *many-to-many* ».

Développer une réelle capacité d'adaptation

Le premier frein à cette adaptation sera probablement interne. L'incompréhension des enjeux par les décisionnaires et/ou la rigidité de l'organisation empêchent cette adaptation permanente à un milieu mouvant. Or s'il y a bien un critère clé sur les réseaux sociaux c'est l'agilité ; dans la forme comme sur le fond.

Suivre l'évolution des médias sociaux

Suivre les évolutions du web collaboratif s'avère être une tâche de tous les instants. Chaque jour de nouveaux outils apparaissent – nouveau réseaux, nouvelles technologies facilitant le croisement entre les réseaux... – et disparaissent, stars d'autrefois déchues, ils sont alors rapidement désertés (Second Life, MySpace...). Sans compter les réseaux « établis » (Facebook, Twitter, LinkedIn...) qui modifient en permanence leur mode de fonctionnement par petites touches.

La première nécessité est de s'avoir s'adapter à cet écosystème afin de repérer les lieux où il faut être, c'est-à-dire ceux où se trouvent les communautés et leaders d'influence qui sont intéressants pour l'entreprise. Et pour y arriver, il n'y a pas de secrets, seule une présence régulière sur les réseaux permet de prendre la mesure de ces changements.

S'adapter à ses cibles : parler « web »

Savoir qui parle de quoi avec qui n'est pas suffisant pour mettre en place une communication efficace. Il faut aussi savoir s'adapter à ce nouvel environnement en parlant le même langage. Dans un premier temps il s'agit d'identifier les termes et les champs lexicaux utilisés par ces leaders d'opinion. Est-on plutôt dans le ton de l'expertise, de l'humour, du partage d'expérience ? Le ton est-il plutôt sérieux, léger ?...

Dans le cas où une prise de parole s'avère nécessaire, celle-ci devra être adaptée au ton du site. Mieux vaut se taire que d'avoir une prise de parole décalée par rapport à celle du lieu où l'on s'exprime : c'est en effet l'une des premières sources de crise sur les réseaux sociaux. La capacité de viralité du réseau permet en effet de propager en quelques secondes les propos maladroits éventuels. Et l'effet produit est exactement l'inverse de celui attendu (voir le cas de Greenpeace et de Nestlé cité en page 8 et suivantes).

Il est à noter que le web est lui-même un lieu spécifique avec ses codes, la fameuse Net-étiquette, qui suppose le respect de certaines règles, plus ou moins clairement exprimées.

Conversation vs information

C'est une évidence qu'il faut rappeler : le web collaboratif est fondé sur l'échange et la conversation. Dans la locution « médias sociaux », il y a bien entendu la notion de « médias » mais également de « réseaux sociaux », c'est-à-dire de lieu d'échanges.

Établir un véritable échange

De nombreuses entreprises ont investi Facebook, Twitter, YouTube... en oubliant cette notion de « réseau social ». Elles utilisent avant tout ces nouveaux canaux pour transmettre la « bonne parole » dans des registres et des formats souvent innovants (tons décalés, relations plus personnalisés, large utilisation de technologies : vidéos, flash...), mais tout en restant dans une logique de diffusion de messages, sans véritable écoute et encore moins d'échange.

5. Communiquer de façon efficace sur les sujets sensibles

Cette approche très « marketing/pub » permet peut être d'améliorer la visibilité de la marque ou de développer l'expérience du consommateur avec la marque mais s'avère assez peu utile en cas de crise. Il n'est absolument pas exclu que les 25 000 « fans »[1] de Facebook attirés *via* des jeux concours ou des opérations commerciales ne deviennent fortement critiques et désertent brutalement l'espace de la marque en cas de crise.

Un bon test pour immédiatement réaliser si une entreprise a bien compris et intégré l'aspect transactionnel du web collaboratif consiste à se rendre sur son compte Twitter (si elle en a un…). Si elle ne suit qu'un petit nombre de fils Twitter, voire aucun (ce qui est le cas pour nombre de grandes marques) c'est la preuve qu'elle utilise un média collaboratif comme un canal de communication « *top down* », c'est-à-dire justement sans collaboration ! Cette approche est non seulement inutile (la portée de l'outil est quasi nulle) mais peut même s'avérer génératrice de risques additionnels. Si une entreprise ouvre ce moyen de communication, elle doit s'attendre à se faire interpeller sur des sujets « sensibles ». Or, si elle ne comprend pas l'outil, ni son fonctionnement, cela laisse augurer de réactions inappropriées (silence ou sur-réaction) qui risquent de faire les délices de la websphère (le hashtag #fail signale ainsi les marques ou les personnes qui ont des réactions inappropriées sur Twitter).

La notion de conversation

La notion de conversation repose, c'est une évidence, sur l'écoute et le dialogue.

L'écoute c'est tout d'abord la capacité à comprendre la question et ses sous-entendus, que ce soit dans sur le fond ou dans la forme.

> **Exemple**
>
> Sur Twitter il y a deux façons de communiquer : le « tweet » et le « direct message » (DM). Un « tweet » est un message public. Il est visible de l'ensemble des abonnés ou « followers » du compte et, s'il contient un hashtag identifié, il peut être retrouvé facilement par d'autres utilisateurs. À l'inverse, un DM n'est destiné qu'à un utilisateur spécifique (cela revient à envoyer un mail). Les DM ne peuvent être envoyés qu'entre abonnés. Si A est abonné à B, B peut lui envoyer un DM. De même, il faut que B soit abonné à A pour que A puisse lui envoyer un DM. Cette restriction vise à empêcher les spammeurs.

---

1 Les « fans » sont ceux qui ont cliqué sur l'icône « J'aime » d'un espace particulier. Le nombre de « fans » est une donnée très suivie par les marques sur leur page Facebook.

À partir de là, une question posée *via* direct message signifiera que la discussion est privée et une question posée *via* un tweet sera publique, donc visible par l'ensemble des « abonnés » de celui qui la pose.

Répondre à un tweet par un tweet rend donc immédiatement la conversation publique. L'impact de la question et de la réponse n'est plus le même !

Lorsqu'un sujet sensible est soulevé par quelqu'un à travers un tweet, il peut être pertinent de lui répondre en lui proposant de passer en mode DM afin de discuter avec lui plus en détail du sujet. L'excuse de ce passage en DM peut être tout simplement la nécessité d'obtenir le nom véritable de l'internaute ou son numéro de téléphone afin de le rappeler. Cette démarche permet de gérer le problème de façon « privée » et donc de lui donner une moindre visibilité.

En effet, lorsque l'on s'exprime sur les réseaux sociaux, une conversation n'est jamais véritablement privée et peut potentiellement être suivie par plusieurs dizaines de milliers de personnes[1].

Le dialogue, c'est la capacité de répondre ou d'intervenir dans une discussion. C'est là bien souvent que le bât blesse avec deux écueils majeurs : l'autisme ou la prise de risque.

Les entreprises autistes se repèrent facilement, ce sont celles qui sont effrayées par internet et ces médias sociaux. La prise de parole est strictement limitée et rien ne se fait ou se dit sans qu'il y ait eu de multiples validations. Le seul résultat obtenu est une incompréhension des internautes face à un comportement considéré comme au mieux inadéquat, au pire hautain.

À l'opposé, il y a la prise de risque permanente. Cela arrive lorsque l'entreprise inconsciente des enjeux du net et des réseaux sociaux confie la gestion de sa page Facebook ou de son fil Twitter au stagiaire de la période, le « petit jeune qui connaît internet ». Une démarche assez paradoxale puisqu'il ne viendrait sans doute pas à cette entreprise l'idée d'utiliser ce même stagiaire pour répondre aux questions de journalistes…

À qui parler sur des sujets sensibles ?

Sur des sujets de communication sensible, la cible est bien entendu un élément fondamental.

En priorité, les liens devront être développés avec les « influents/positifs ». C'est avec eux qu'il faut initier une véritable politique de dialogue.

---

[1] Pour plus d'information sur le développement de conversations sur les réseaux sociaux, voir l'excellent livre de Matthieu Chéreau, Community management, Dunod, 2010.

Il ne s'agit pas de snober les autres cibles mais d'avoir envers elles une position plus réactive – l'entreprise n'entame la conversation que si elle est interpellée – plutôt qu'une stratégie pro-active.

Il y a cependant certains publics à éviter : les « trolls[1] » et les opposants dogmatiques.

Les trolls tout simplement parce que leur objectif n'est pas la discussion en elle-même mais la visibilité offerte par la discussion pour propager leurs idées ou tout simplement pour provoquer. Il n'y a aucun intérêt à converser avec eux, si ce n'est pour exposer encore plus la marque à des risques d'image.

Les opposants dogmatiques, eux, possèdent un discours dont, quoiqu'il arrive, ils ne peuvent sortir. Il ne sert donc à rien d'essayer de développer une argumentation. Cela ne veut pas pour autant dire qu'il ne faut pas répondre à un questionnement direct ou à une prise à partie publique. Mais cette réponse doit être la plus formelle et factuelle possible ; en aucun cas il ne faut aller sur le terrain de la morale ou de l'émotion (des éléments éminemment subjectifs et donc sujets à polémique).

> **Exemple**
>
> La PETA (*People for the Ethical Treatment of Animals*) s'oppose dans sa profession de foi à toute violence faite sur les animaux et prône le végétarisme. Il est inutile d'essayer d'argumenter sur l'utilité éventuelle de l'expérimentation animale auprès des adhérents ou sympathisants de cette association. Le seul résultat sera un dialogue de sourds dont le perdant sera celui qui « dérapera » le premier, c'est-à-dire qui s'énervera contre l'autre.

Faut-il répondre à toutes les questions ?

Cette question peut légitimement se poser, particulièrement en situation sensible ou de crise où des questions « gênantes » aux objectifs plus ou moins clairs peuvent être soumises.

D'une façon générale, oui, il faut toujours répondre aux questions qui sont posées. Le point critique concerne plutôt la façon de répondre et le contenu de la réponse. Plus la question est « crisogène », moins il est pertinent de répondre de façon spontanée.

---

[1] Voir encadré p. 15.

Afin de garantir la cohérence du discours, élément clé d'une communication efficace sur des sujets sensibles, il est indispensable de définir, pour chaque point sensible soulevé, des éléments de discours qui pourront être déclinés non seulement sur l'ensemble des réseaux sociaux, mais également sur d'autres médias (la presse, le site web, le service consommateur…).

Ce travail de formalisation des messages – qui devront bien entendu être adaptés à chaque média (on ne parle pas de la même façon à la presse et sur Twitter) – ne peut être fait qu'au niveau décisionnaire de l'entreprise (direction marketing, direction de la communication…) sous peine de voir un écart se créer entre les messages délivrés par une équipe « internet » livrée à elle-même et la direction de l'entreprise. Or rien n'est plus créateur de risques qu'une telle dissonance vite perçue par les internautes…

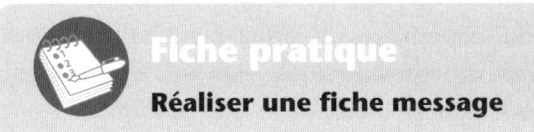

Fiche pratique
Réaliser une fiche message

1. Le message principal
En cinq lignes maximum il donne la position de l'entreprise sur un sujet spécifique. C'est l'information clé que devra retenir au final la cible, quelle qu'elle soit.
Exemple : « L'entreprise d'incinération X apporte la plus grande attention à l'émission de dioxines qui résultent de la combustion des déchets. Non seulement elle respecte sur l'ensemble de ses sites les taux d'émission autorisés mais elle améliore constamment ses procédés de traitements pour en réduire les émissions. »

2. Le message détaillé et adapté aux différents supports
Il s'agit là en une demi-page maximum d'apporter des éléments d'information supplémentaires qui précisent le discours du message principal.
Ces éléments d'information peuvent être éventuellement adaptés selon les catégories de supports (télévision, radio, presse écrite, média online, site Facebook, fil Twitter, site web…). Cette adaptation vise à faire passer le même message mais dans des formats correspondants aux contraintes pratiques des supports utilisés.

3. Les éléments de preuves et de soutien du message principal
Cette partie concentre tous les chiffres, documents, avis d'experts et autres éléments qui soutiennent de façon objective les points avancés.

Dans notre cas, cela comprend par exemple le montant des investissements réalisés pour traiter les dioxines, les taux d'émission effectivement observés sur les sites et leurs tendances, les rapports d'experts…

4. Les questions/réponses
Enfin la fiche message se conclut généralement par un document de questions/réponses. Dans un premier temps, sont considérées les questions les plus évidentes liées au sujet, puis dans un deuxième temps les questions « gênantes ». L'efficacité de l'exercice tient évidemment à la capacité de ce questionnaire de bien lister l'ensemble des questions sensibles !
Dans notre cas, les questions « évidentes » peuvent être : que sont les dioxines, en quoi sont-elles dangereuses, comment sont-elles mesurées, quels sont les taux autorisés…
Les questions dites « gênantes » peuvent être autour de l'historique des sites, d'éventuelles infractions passées…

Adopter une posture positive

La notion de dialogue, indispensable au développement d'une politique de communication efficace à propos de sujets sensibles sur les réseaux sociaux, ne signifie pas pour autant parler de tout et de n'importe quoi. Or, l'un des « pièges » les plus redoutables de l'internet est sans doute la quasi-absence de limites dans la production (on peut écrire autant que l'on veut). Et voilà, la marque qui après des années de « silence », se met à découvrir l'excitation d'une prise de parole presque sans limite… avec tous les risques que cela suppose…

L'adoption d'une posture positive, indispensable pour une prise de parole efficace sur les réseaux sociaux, repose avant tout sur deux principes : rester « dans le cadre » et faire taire les rumeurs.

Rester dans le cadre

Cette notion consiste, avant toute prise de parole, à définir exactement le sujet sur lequel l'entreprise va s'exprimer. Le premier avantage de cette définition des « règles du jeu » est de recentrer les discussions en cas de prises de parole non liées au sujet principal.

Dans cette optique d'ailleurs, de nombreuses pages Facebook de marques ou d'entreprises se sont dotées de « chartes », dont le but est bien évidemment de pouvoir modérer – c'est-à-dire effacer bien souvent – des prises de parole un peu « sensibles » et considérées comme non conformes aux critères de la page.

Or si cette notion de « recentrage » des interventions est indispensable, il ne s'agit pas pour autant de « sortir » tous les intervenants non « conformes », ce qui serait pour le coup complètement opposé à l'approche du web collaboratif.

> **Exemple**
>
> **La page Facebook de Quick**
>
> La page Facebook de Quick[1] comprend un « mur » ouvert aux commentaires. Mais ceux-ci sont modérés selon les critères définis dans l'onglet « infos ». Un extrait des conditions de cette modération permet de percevoir ses contours :
> « Les échanges sur le site font l'objet d'une modération *a posteriori* dans l'objectif de préserver une certaine courtoisie dans les échanges : si les critiques et expressions de désaccords divers ont toute leur place dans les débats, les invectives ou prises à partie d´autres participants ne sont pas indispensables.
> Le rôle des modérateurs est de veiller à la qualité des débats en écartant les contributions qui, par leur caractère indigne, attentatoire aux personnes, destructeur ou hors sujet, nuisent à la qualité des débats. Les modérateurs excluent également tout propos contraire aux lois en vigueur ».
> Un tour dans les commentaires permet de constater que cette politique de modération limitée est bien réelle puisqu'apparaissent des commentaires parfois négatifs sur des produits ou des annonces faites sur le « mur » pour peu qu'elles soient respectueuses des conditions de publication énoncées ci-dessus.

Cette nécessité de bien définir le cadre des interventions est également très importante pour les personnes de l'entreprise qui vont être amenées à intervenir sur ces réseaux sociaux. En effet, quelques crises sur le web sont nées d'interventions malheureuses sur des sujets qui n'étaient pas liés au thème initial.

Attention à ne pas céder aux sirènes des « trolls[2] » ou d'activistes dont l'objectif sera justement d'amener le représentant de l'entreprise à faire des commentaires « déplacés » ou à s'exprimer sur des sujets polémiques.

Pour faciliter ce cadrage des interventions, certaines entreprises ouvrent plusieurs comptes sur les médias sociaux, chacun d'entre eux ayant un thème précis. Cette approche permet ainsi de cantonner des sujets « sensibles » à des espaces bien délimités et ainsi d'éviter leur trop grande visibilité sur d'autres espaces de la marque.

---

1 www.facebook.com/quick
2 Voir définition p. 5 et 100.

5. Communiquer de façon efficace sur les sujets sensibles

> **Exemple**
>
> La politique de la SNCF sur les réseaux sociaux correspond bien à cette stratégie avec l'ouverture de très nombreux espaces, chacun liés à des activités spécifiques. Ainsi sur Facebook, la SNCF dispose-t-elle de nombreux espaces : il existe des pages pour IntercitésSNCF, SNCF la radio, IDTGV, Voyage SNCF... Du côté de Twitter, il existe le fil Mickaël (SNCF 2.0), Clt_VoyagesSncf (fil de Voyage SNCF), SNCF La Radio, InfotraficSNCF, Yaelle_VSNCF (Community Manager de Voyage SNCF), Voyazine (magazine de voyage-sncf.com), SNCF Materiel...
> Sans compter l'existence du site « Opinion et Débats » qui permet à tous les internautes de poser des questions ou lancer des discussions à propos de la SNCF.
> Cette dernière initiative a été lancée par Patrice Ropert, directeur de la communication, « pour que la discussion ne se fasse plus en dehors de chez nous », comme il le soulignait dans *Le Monde*[1].

Dans le cas d'une crise majeure ou d'une attaque de l'entreprise ou de la marque sur internet, il y a fort à parier que cette séparation des espaces soit mise à mal plus ou moins volontairement. Cependant, dans un fonctionnement « normal » cette dichotomie des lieux de prise de parole permet de modérer certains propos et d'orienter les internautes critiques vers les espaces appropriés.

Faire taire toute rumeur

S'il y a un lieu où les rumeurs se créent et se propagent à toute vitesse, c'est internet et, en particulier, le web collaboratif. La mise en place d'une veille efficace doit permettre d'identifier l'apparition de ces rumeurs avant qu'elles ne se transforment en bruit, voire en crise. Et, même si toutes les rumeurs ne sont pas menaçantes et que la plupart ne dépassent pas l'audience du blog où elles sont apparues, il est fortement recommandé d'agir le plus tôt possible ; c'est-à-dire de contacter l'auteur de la rumeur et de lui donner la bonne version des faits ou de lui apporter un démenti selon les cas.

Cette démarche a deux avantages majeurs : tout d'abord elle a de fortes chances de faire taire la rumeur. Ensuite elle démontre que l'entreprise écoute attentivement le web et ainsi elle amène les internautes les plus virulents à modérer leurs propos. Enfin, et ce n'est pas le moindre,

---

1 *Le Monde*, « Les entreprises soignent leur e-reputation », 25 décembre 2009.

le fait qu'un représentant d'une entreprise ou d'une marque contacte directement un internaute est souvent vécu de façon très positive par ce dernier, cela lui donne en effet une reconnaissance soudaine et démontre qu'il est pris au sérieux.

> **Exemple**
>
> Il y a quelques années, le suivi des forums par le service de veille d'une grande marque de soda avait fait remonter un « truc » qui circulait parmi les danseurs : il s'agissait de répandre ce soda sur la scène car il était « tellement corrosif qu'il attaquait le plancher et permettait d'éviter de glisser ». La marque a immédiatement pris la parole dans ce forum pour indiquer que ce résultat n'était pas dû aux qualités « corrosive » supposée du soda mais tout simplement au fait qu'il contenait du sucre et que c'était ce sucre qui collait… Même si cela est assez anecdotique, la prise de parole se justifiait afin d'éviter la propagation de rumeurs sur l'éventuelle dangerosité du produit.

Cette démarche vis-à-vis des rumeurs doit bien être limitée… aux rumeurs. En effet, s'il est compréhensible que la marque intervienne lorsque des informations fausses et nuisibles sont diffusées, il serait en revanche perçu comme assez intolérable qu'elle intervienne pour commenter ou s'opposer à des propos négatifs d'internautes sur ses produits. Pour reprendre l'exemple ci-dessus dire que ce soda est « extrêmement corrosif, la preuve il attaque le plancher » est une rumeur ; par contre dire que ce même soda « n'a pas bon goût et est trop sucré pour les enfants » est un avis, dont la pertinence est peut être discutable, mais reste un avis. Il est fortement déconseillé d'intervenir sur des avis ; une marque qui se livre à cet exercice est vite considérée comme un « Big Brother » qui surveille ses clients. Bref, c'est le meilleur moyen de se mettre sa propre communauté à dos.

Enfin, une stratégie d'intervention sur des rumeurs doit bien entendu se faire de façon tout à fait transparente. C'est bien la marque qui s'exprime (et pour le coup, vus les enjeux, elle est tout à fait légitime à le faire). Il serait bien entendu tout à fait contre-productif de vouloir intervenir de façon « masquée » ; tout d'abord parce que cela ne s'impose pas et ensuite car cela serait inévitablement découvert et décrédibiliserait alors la totalité de la démarche.

5. Communiquer de façon efficace sur les sujets sensibles

L'essentiel

▶▶ **Éviter** systématiquement de s'exprimer sur des sujets sensibles ne protège pas la marque mais au contraire accroît le risque d'être pris à partie.

▶▶ **Ne jamais mentir**, ni croire en l'anonymat supposé d'internet. De même, le fait de se faire passer pour un consommateur est assimilé à une pratique commerciale trompeuse, et puni par la loi.

▶▶ **Une démarche** positive et efficace de dialogue et d'ouverture nécessite de bien repérer en amont les leaders d'opinion les plus influents.

▶▶ **Intervenir** au sein des communautés est un exercice difficile qui ne peut se faire que si cela apparaît comme pleinement justifié par les internautes.

Chapitre 6

Une approche méthodologique pratique : le « nuage d'influence »

Executive summary

▶▶ **La communication** non plus par « média » mais par « écosystème » est la plus efficace sur le web. Elle joue sur la complémentarité de l'ensemble des espaces du web collaboratif.

▶▶ **Cette démarche** passe tout d'abord par une étude des éléments sémantiques liés à l'univers de la marque. Puis, des actions spécifiques sont ensuite développées en fonction des typologies d'espaces.

▶▶ **L'essaimage** de l'information doit permettre à l'internaute de se retrouver régulièrement exposé au discours de la marque ou de l'entreprise, sous des formes différentes, selon les espaces où il se trouve sans pour autant avoir l'impression d'être matraqué par des messages publicitaires.

6. Une approche méthodologique pratique : le « nuage d'influence »

Une approche en phase avec l'usage des médias sociaux

L'approche du « nuage d'influence » a pour principal objectif de permettre le développement d'une communication sur les sujets sensibles de façon progressive. Il s'agit de baliser progressivement les espaces clés du web afin de s'assurer qu'un internaute qui rechercherait des informations sur un thème fondamental pour l'entreprise puisse prendre connaissance des arguments qu'elle avance.

En développant l'argumentation de l'entreprise sur les sites collaboratifs, le concept de « nuage d'influence » a également pour conséquence d'améliorer sensiblement sa visibilité sur les moteurs de recherche et en particulier sur Google.

Avant d'entrer plus dans le détail, il paraît important d'insister sur les motivations de la mise en place d'une telle stratégie.

Le monde du web collaboratif tolère tout à fait qu'une entreprise ou une marque développe une telle stratégie d'influence dans l'objectif de renforcer les liens avec ses publics et d'apporter une certaine « réflexion » sur des sujets qui lui semblent pertinents... Pour peu qu'elle reste en permanence claire et sincère dans ses intentions et sa méthodologie.

En revanche toute action qui sera perçue comme une tentative de manipulation : dénigrement de la concurrence, approche anonyme, volonté de se faire passer pour quelqu'un d'autre... s'avère éminemment risquée. Ainsi, par exemple, en 2006, l'agence de relations publiques Edelman aux États-Unis a dû s'excuser publiquement[1] pour avoir fait croire qu'un blog à propos de Walmart était spontané alors qu'en réalité il était écrit par des employés de l'agence (ce blog était censé raconter le tour des États-Unis réalisé par deux blogueurs voyageant de Walmart en Walmart).

Identifier son environnement sémantique...

Avant de se lancer dans une approche d'influence, il convient de définir avant tout l'univers sémantique du sujet identifié. Cela comprend

---

[1] http://www.edelman.com/speak_up/blog/archives/2006/10/a_commitment.html. Il y a d'ailleurs désormais un terme pour désigner ces faux blogs : les flogs (contraction de « *fake blogs* » en anglais).

l'identification de tous les mots et expression associés à ce thème non seulement par l'entreprise et/ou son univers « professionnel » mais également par la communauté du web.

Prendre en compte toutes les dimensions du sujet

Dans un premier temps il s'agit d'identifier les mots-clés liés à ce thème. Cette démarche, pour être efficace suppose de se mettre à la place des différentes cibles et/ou parties prenantes sur le sujet.

Pour être le plus exhaustif possible il faut prendre en compte le plus grand nombre de champs sémantiques possibles comme par exemple ceux liés aux aspects techniques (les technologies utilisées ou liées au sujet), aux aspects marketing et commerciaux (noms de produits, de solutions…), aux aspects conceptuels (les principes et idées sous-jacents), etc.

Cette démarche méthodologique permet de traiter de la façon la plus complète possible l'univers dans lequel s'inscrit le sujet que l'on souhaite aborder. Il s'agit de s'assurer que l'on prend bien en compte toutes les dimensions de la problématique, et de commencer à identifier les chemins possibles que suivrait un internaute qui s'intéresserait à cette problématique. La compréhension de ces trajets intellectuels permet de baliser le chemin de la façon la plus efficace possible et de valoriser ainsi le point de vue de l'entreprise ou de la marque sur ce thème.

Fiche pratique

Pour faciliter ce travail, il peut être intéressant de travailler à partir d'un mapping qui aidera à positionner les concepts.
Pour cet exemple, il s'agit de placer les éléments du champ sémantique autour de l'expérimentation animale sur un mapping comprenant en abscisse l'opposition « Concept / Concret » et en ordonnée l'opposition « Technique / Émotionnel ».

6. Une approche méthodologique pratique :
le « nuage d'influence »

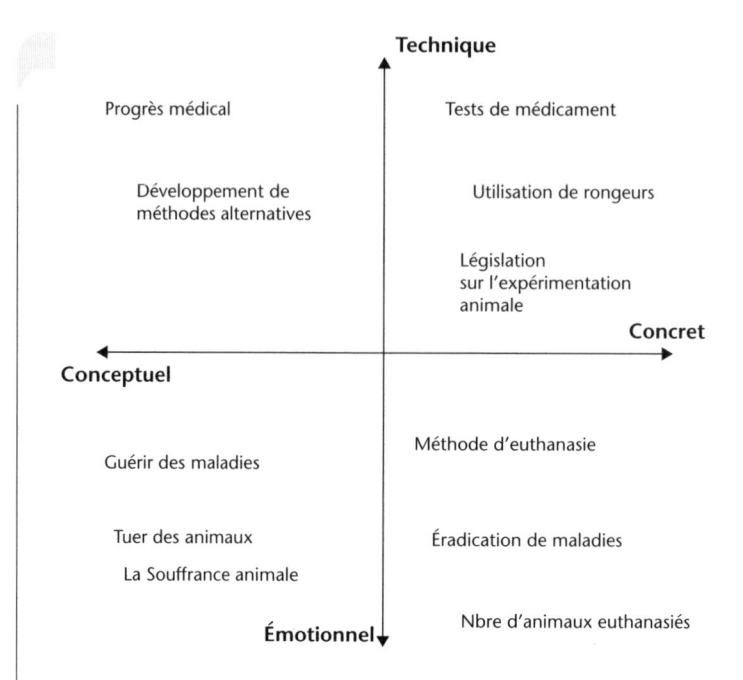

```
                         Technique
                            ▲
   Progrès médical          │   Tests de médicament
                            │
       Développement de     │   Utilisation de rongeurs
       méthodes alternatives│
                            │   Législation
                            │   sur l'expérimentation
                            │   animale
                            │                    Concret
◄───────────────────────────┼──────────────────────────►
Conceptuel                  │
                            │
     Guérir des maladies    │   Méthode d'euthanasie
                            │
     Tuer des animaux       │   Éradication de maladies
     La Souffrance animale  │
                            │   Nbre d'animaux euthanasiés
                       Émotionnel▼
```

Figure 6.1 – **Exemple de mapping de positionnement des concepts autour de l'expérimentation animale**

Intégrer les arguments des opposants

Cette recherche des champs sémantiques, pour être efficace se doit de bien prendre en compte les positions des « opposants » éventuels ainsi que des concurrents afin de faciliter la compréhension des argumentaires et d'identifier d'éventuels points de convergence ou de divergence. Il s'avère en effet peu efficace de se positionner sur un champ sémantique ou des lieux d'expression préemptés par les concurrents ou les opposants (au mieux l'entreprise est inaudible, au pire elle n'est absolument pas crédible, les premiers arrivés ayant sans doute acquis une certaine légitimité dans le temps).

Exemple

L'environnement sémantique du concept « énergie nucléaire » peut être extrêmement variable selon que l'on se place du côté des utilisateurs de cette énergie (EDF, Areva, Cogema…) ou des opposants (les Verts, les associations environnementales…).

D'un côté il y a la mise en avant des concepts de l'indépendance énergétique, du faible coût de l'énergie, de l'excellence technologique française, de l'absence de rejets de CO^2... de l'autre on parle de risque de pollution, de problème de retraitement des déchets, de prolifération, de coûts de démantèlement des centrales, etc.

Une méthode efficace d'exploration de cet environnement sémantique consiste à partir des mots clés spontanément les plus utilisés par les internautes lorsqu'ils effectuent une recherche sur ce thème. Si pour la plupart des sujets cela peut être aisément imaginé, des cas peuvent s'avérer moins évident.

Pour cela, il peut être utile de s'aider de Google Trends, un outil fournit par Google qui donne des indications sur les requêtes faites sur un mot ou une expression sur une période de temps et une zone géographique déterminée. Au-delà des graphiques indiquant des données volumétriques, Google Trends offre en outre des informations sur les régions et les villes d'où proviennent le plus grand nombre de requêtes. Cette capacité, mise en avant pour observer en temps quasi réel la progression de la grippe hivernale en France à partir de la provenance des consultations des internautes sur le sujet, est également très utile pour repérer l'émergence d'évènements ou l'organisation d'éventuelles manifestations sur le thème que suit l'entreprise.

Cartographier son environnement

La deuxième étape de la démarche consiste ensuite à identifier les lieux clés, ceux où les internautes concernés par la problématique sont susceptibles de se rendre pour y trouver de l'information qui va influencer leur point de vue.

Cette identification des lieux « incontournables » repose sur le travail de veille préalablement effectué. Le classement des sites, blogs, réseaux sociaux et autres lieux d'expression selon leur influence et leur position favorable/défavorable par rapport au sujet aura permis d'isoler les sites les plus stratégiques. C'est sur eux qu'il faudra faire porter en priorité son attention.

6. Une approche méthodologique pratique :
le « nuage d'influence »

> **Exemple**
>
> **Les forums de discussion : des lieux essentiels du web**
>
> Il existe sur le web francophone quelques grands forums initialement créés autour de thématiques spécifiques tels que hardware.fr (informatique), doctissimo.fr (santé), aufeminin.com (santé/beauté), commentcamarche.net (hautes technologies)… Ce qui est souvent moins connu c'est que ces plate-formes de forums hébergent également des fils de discussions sur des sujets éloignés de leur vocation première comme le bricolage (aufeminin), la politique (hardware. fr), l'environnement (Doctissimo)…
>
> Par ailleurs, il n'est pas rare que de véritables communautés se créent autour d'une thématique commune (la ménopause, par exemple). Le fil de discussion n'est plus seulement le lieu où l'on parle de ce sujet, mais le lieu où les personnes concernées par ce sujet se retrouvent, pour en parler… ou parler d'autre chose. Ces grands forums sont généralement surveillés de près par les partis politiques car c'est souvent là que peuvent être identifiées des sujets ou des préoccupations montantes, particulièrement en période pré-électorale. D'autant plus que l'intitulé du forum permet de s'assurer d'une certaine « cohérence » de la cible d'un point de vue sociologique.

Cette cartographie de l'environnement ne serait pas complète si elle ne prenait pas en compte les grands sites collaboratifs que sont Wikipedia, Twitter, YouTube, Dailymotion, Flickr, etc. Ils sont incontournables sur la plupart des sujets et doivent être incorporés dans la liste des lieux à considérer.

Ces sites peuvent être classés selon 3 catégories :
– les lieux d'expression légitimes ;
– les lieux d'expression libres ou semi-libres ;
– les lieux d'expression négociés.

Les lieux d'expression légitimes

Il s'agit du site de l'entreprise et/ou de ses marques ainsi que des sites ou réseaux liées directement à l'environnement immédiat de l'entreprise (organisations professionnelles, pages Facebook gérées par l'entreprise, compte Twitter…)

Bien évidemment ces lieux d'expression seront considérés comme prioritaires car faciles d'accès.

Les lieux d'expression libres ou semi-libres

Cette dénomination comprend des sites tels que Wikipedia, YouTube, Dailymotion, Flickr, Slideshare, des pages Facebook de groupes ou de personnes spécifiques... c'est-à-dire les espaces ouverts à la publication d'informations sous certaines conditions.

Leur audience souvent impressionnante les rend éminemment attractifs, le principal enjeu étant d'en connaître les « règles du jeu », sous peine de s'en faire exclure.

> **Exemple**
>
> **L'envolée de la page Facebook de l'Armée de l'Air[1]**
>
> Jusqu'au début 2011, la page Facebook de l'Armée de l'Air était très active : relais systématique des informations de l'Armée de l'Air, plus de 10 000 « fans », participation de nombreux militaires aux discussions sur le mur...
>
> Seul problème cette page affichant logo officiel et contact à l'adresse de l'Armée de l'Air était gérée par... un policier alsacien. Après avoir laissé faire, l'Armée de l'Air a souhaité reprendre le contrôle de cette page (qui en juin 2011 affichait toujours beaucoup plus de « fans » que la page « officielle »). L'approche faite de façon intelligente et amicale a abouti à une cogestion de cette page avec l'espoir sans doute pour l'Armée de l'Air de récupérer une partie de ces fans.

Les lieux d'expression négociés

Il s'agit là de sites ou d'espaces gérés par d'autres personnes comme les blogs, les webzines, les sites de partenaires, de *think tanks*... L'accès à ces espaces est conditionné par le bon vouloir de ceux qui les possèdent ou les administrent.

L'attention portée à ces espaces dépendra évidemment de leur influence. Il est essentiel de ne se focaliser que sur les plus importants d'entre eux.

---

[1] Voir à ce sujet l'article de Marc Hecker sur le site www.observatoiredesmedias.com

6. Une approche méthodologique pratique : le « nuage d'influence »

Tableau 6.1 – Les lieux d'expression de la défense en France sur le web

Lieux légitimes	Lieux libres/semi-libres	Lieux négociés
Site de l'entreprise	Wikipedia	Blogs : EGEA, Alliance géostratégique
Sites professionnels	YouTube / Dailymotion	...
• GICAT	Slideshare	
• GICAN	Flickr	Think tanks : IRIS, IFRI,
• GIFAS	...	IRSEM
...		...

Repérer les manques et agir

C'est assurément la partie la plus délicate. Tel le joueur de go, il s'agit de placer ses pions de façon subtile pour délimiter un environnement qui soit le plus favorable à la cause défendue.

D'ores et déjà, il est indispensable de faire la différence entre les « contenus » et les « contenants » ; entre les endroits où il faudra ajouter de l'information et ceux où il faudra plutôt faciliter la circulation de l'information.

Renforcer les contenus

Le renforcement des contenus consiste à apporter l'information sur les endroits du web où elle semble manquer et cela sur l'ensemble des champs sémantiques identifiés. Ce saupoudrage d'informations sur les lieux les plus influents et sur une surface assez large renforcera de fait la visibilité des arguments de l'entreprise ou de la marque sur la problématique.

Pour plus d'efficacité, les méthodologies d'approche pourront être adaptées en fonction des typologies d'espace prise en considération.

Sur les lieux d'expression légitimes

Ce sont ceux à cibler en priorité. Faciles d'accès, ils permettent de développer l'argumentation sans contraintes, si ce n'est de s'adapter au lectorat.

Ce sont les premiers lieux du web qui seront analysés en détail, dont notamment le site de l'entreprise :

- Quels sont les discours tenus sur le sujet sur le site de l'entreprise ? Quel format ?

    Ce peut être sous forme de « *statement* » (texte présentant la position « officielle » de l'entreprise sur le sujet), de question/réponse…

- Ces discours sont-ils facilement accessibles ?

    Il est important d'évaluer l'accessibilité de ces informations… Sont-elles facilement accessible depuis la « home page » du site ? Et surtout depuis un moteur de recherche (Google principalement, mais également Bing ou Yahoo). Cette notion d'accessibilité se révèle évidemment vitale en cas de crise sur le sujet.

    Il n'est pas rare de voir ainsi des pastilles (À propos de… / Message du Président…) apparaître sur les pages d'accueil (*home pages*) en périodes de crise (Air France lors du crash Rio-Paris du 31 mai 2009, Quick suite au décès d'un consommateur le 21 janvier 2010 à Avignon…)

    En effet, rien n'est pire dans ces situations que l'information clé soit enfouie dans les multiples strates du site.

- Ces informations répondent elles aux préoccupations des publics clés ?

    Cette question peut paraître évidente, mais le décalage trop important entre les préoccupations des publics clés et des informations publiées aboutit immédiatement à la disqualification du site (les internautes vont chercher l'information ailleurs…)

- Les informations sont-elles complètes ?

    Les thèmes abordés sont-ils bien couverts par les informations publiées sur le site ? Si ce n'est pas le cas, pour quelle raison ? Il ne s'agit pas d'être forcément exhaustif ; il peut y avoir des zones où l'entreprise n'est pas forcément légitime ou crédible. Cependant il est important d'en avoir conscience et de bien les identifier ; ce seront des espaces qui pourront être comblés par des partenaires ou *via* d'autres lieux d'expression.

Exemple

Écrire pour être lu… et non pour se faire plaisir

Attention : il existe encore trop fréquemment des pages web « illisibles » sur des sites d'entreprises. En effet, par facilité, il n'est pas rare que des gestionnaires de sites copient-collent des textes existants de brochures institutionnelles ou commerciales. Avec pour seul résultat des pages aux longueurs insupportables pour un écran, qui ne seront lues que par la personne chargée de les valider. Autre écueil, également rencontré, l'impression d'espace « illimité ». Et voilà le « spécialiste » qui se met en tête d'expliquer dans les moindres détails toutes les subtilités du sujet avec, ici aussi, pour résultat des contenus illisibles, plus ou moins abscons pour qui n'est pas « de la partie ». Pour reprendre la fameuse citation attribuée à Léonard de Vinci, la « simplicité est la sophistication suprême », surtout sur le web !

Quels modes d'action ?

Le renforcement des contenus sur les sujets sensibles passe tout d'abord par la création d'espaces dédiés qui reprennent les arguments clés que souhaite développer l'entreprise sur ces thèmes.

Souvent, ces pages sont regroupées dans une zone du site intitulée « Nos engagements », « Citoyenneté », « Valeurs », « Éducation & Sociétal »...

Par exemple, sur le site de GDF Suez, l'espace « Responsabilité Sociétale[1] » contient des rubriques dédiées au développement durable, la lutte contre l'exclusion... des brochures sur des études sur l'accès à l'énergie par les populations les plus pauvres...

En fonction de l'actualité et surtout des attentes des publics clés ces pages peuvent être complétées par des « questions/réponses » sur des points précis : un point important en période de crise, quand il s'avère nécessaire d'aller plus loin dans l'information à transmettre.

Enfin, on voit apparaître sur les sites web de plus en plus de vidéos pour traiter ces thématiques. Si cette approche est bien plus lourde à mettre en place (cela suppose tout une organisation pour la production de vidéos de qualité), elle offre en revanche un impact inégalé. Cette technologie peut s'avérer utile pour passer des messages forts sur des sujets précis.

Ce travail de renforcement des contenus, lorsqu'il est bien fait, peut apparaître comme long et fastidieux. Néanmoins c'est une étape indispensable de la prévention de crise. En effet, dans ces moments-là, les personnes concernées se rendront sur le site de l'entreprise pour avoir de plus amples informations. Si celui-ci s'avère incapable de répondre à cette demande de façon claire et précise, les internautes se tourneront alors vers d'autres sources d'information... qui elles seront peut-

---

1 http://www.gdfsuez.com/fr/engagements/responsabilite-societale/responsabilite-societale/

être beaucoup moins favorables ! Et imaginer développer ces pages au moment de la crise est utopique. Lorsque la crise se déclenche, c'est trop tard. Le stress et la succession des évènements empêchent de passer le temps nécessaire sur ces sujets. Au mieux peut-on compléter un « question/réponse » ou rajouter quelques lignes à un *statement*...

Ne pas oublier d'autres lieux clés : les sites professionnels

Les sites d'organisations professionnelles sont très efficaces pour promouvoir des argumentaires relatifs à des sujets sensibles. Il sera plus facile d'y publier de l'information si ces sujets sont perçus d'intérêt « général » par l'ensemble des adhérents. L'immense avantage de ces espaces est d'apparaître comme « neutres » c'est-à-dire non rattachés à une entreprise particulière. Plus le sujet est controversé, plus le recours à ces sites professionnels s'avère pertinent.

Mais cette démarche n'est possible que si l'entreprise dispose déjà d'une relation forte avec l'organisation professionnelle dont elle dépend.

Le secteur de l'agro-alimentaire a développé depuis quelques années de telles stratégies *via* des organisations telles que l'ANIA (Association Nationale de l'Industrie Alimentaire) ou le CEDUS (Centre d'Études et de Documentation du Sucre). Ces sites sont en première ligne pour traiter des sujets « sensibles » tels que l'obésité, l'environnement, la qualité alimentaire...

Sur les lieux libres ou semi-libres

L'audience de sites comme Wikipedia, YouTube, Dailymotion, Flickr, Slideshare... rendent ceux-ci particulièrement attractifs d'un point de vue de la communication. Et cela d'autant plus qu'ils disposent d'un excellent référencement ; il n'est pas rare de voir une page Wikipedia ou un film posté sur YouTube apparaître dans les premiers liens fournis par Google lors d'une recherche.

Quant aux sites de vidéos et de photos, s'ils ont été créés au départ pour favoriser avant tout le partage d'images ou de films entre amis, aujourd'hui ils sont utilisés comme de véritables plates-formes de diffusion de messages par de nombreuses entreprises.

Mais avant de se lancer sur la publication de contenus sur ces sites, il convient de se poser quelques questions fondamentales. En effet, une approche maladroite peut générer une réaction assez brutale de la communauté des internautes.

6. Une approche méthodologique pratique : le « nuage d'influence »

- Faire l'inventaire : où mon entreprise est-elle présente, et de quelle façon ?

Avant même de commencer à se poser la question de ce que l'on va dire ou non, il est nécessaire de faire une recherche de la visibilité de l'entreprise sur ces sites. Des surprises peuvent exister ! Il n'est pas impossible qu'un employé zélé, qu'un internaute connaisseur de l'entreprise ou qu'un concurrent « malicieux » n'ait déjà créé la page Wikipedia de l'entreprise ou de la marque, ou même posté des films sur des produits.

Dans le secteur de la défense, par exemple, quelques grandes sociétés ont découvert que leur profil avait bien été intégré sur Wikipedia, mais pas forcément sous l'angle qu'elles auraient choisi avec surtout des références aux « affaires » plutôt qu'à leurs expertises technologiques. La solution généralement retenue a été d'ajouter de très nombreuses informations sur l'entreprise afin de « noyer » ces parties dans un contenu très riche et plutôt positif.

- Quels sont les éléments clés mis en avant ?

Cette phase est fondamentale, puisqu'elle consiste à analyser dans le détail la façon dont le sujet sensible est représenté sur ces sites.

Pour les sites de photos ou de vidéos il s'agit tout simplement dans un premier temps de rechercher quelles sont les images ou les films liés à l'entreprise, à la marque ou aux produits qui sont présents. À cette occasion, il peut être intéressant de relever les pseudonymes de ceux qui les ont postés ; parfois cela permet d'identifier la source (qui peut être un service spécifique de l'entreprise...). Ensuite, il peut être utile de compléter cette recherche par l'identification des films et photos directement liés à des éléments appartenant au champ sémantique identifié précédemment.

Pour les sites du type Wikipedia ou Slideshare, la démarche la plus efficace sera d'étudier comment chacun des concepts du champ sémantique y est représenté afin de déterminer l'approche qui a été favorisée par la personne ou l'institution à l'origine des informations postées. Il s'agit d'évaluer si la représentation générale de la problématique est plutôt faite de façon neutre, positive ou négative.

Fiche pratique
Que faire si une vidéo, une photo ou un texte s'avère très négatif ?

Juridiquement, il existe plusieurs outils, dont le décret du 24 octobre 2007 relatif au droit de réponse applicable aux services de communication en ligne, qui définit les conditions pour mener une action éventuelle.

Mais avant de lancer ses avocats sur le sujet, il convient d'être prudent sous peine de créer rapidement une crise, là où il n'y avait qu'une publication sans conséquence.

Il s'agit dans un premier temps d'analyser le contenu avec toute l'objectivité possible. Le cas le plus fréquent est le détournement : de logo, de vidéo… Attention ces détournements ne sont pas forcément négatifs[1] ; Apple, par exemple, génère de nombreux détournements plutôt très favorables à la marque. À l'inverse, BP suscite plus de détournements négatifs (la majorité liés à la pollution). Le détournement de vidéos, quoique plus rare car nécessitant plus de moyens, existe également. Greenpeace utilise régulièrement ce moyen pour défendre certaines causes (Nestlé et Dove en ont récemment fait les frais).

Si juridiquement il est possible d'attaquer les auteurs de ces détournements, le coût de telles actions en termes de moyens à mettre en œuvre (temps passé, frais d'avocats…), en termes d'image (très rapidement cela donne l'image de la grosse entreprise menaçant la « liberté d'expression ») ou tout simplement en termes d'efficacité (il suffit de quelques secondes pour déplacer l'image ou le films sur des sites étrangers et échapper ainsi aux poursuites) fait souvent que toute action s'avère inutile voire improductive. Sans compter que cela donne immédiatement une visibilité inespérée à l'auteur du détournement.

Mieux vaut donc, dans bien des cas ne rien faire.

Le seul cas où il peut être indispensable de mener une action, c'est lorsque le film, l'image ou le texte s'avère ouvertement diffamatoire. Pour les sites du type Wikipedia, le plus simple est bien entendu d'apporter la correction soi-même. Pour les sites semi-libres, c'est-à-dire où le contenu posté ne peut être modifié que par celui qui en est à l'origine, la première chose à faire consiste à contacter l'auteur (l'adresse mail est souvent indiquée) afin de lui signifier le problème.

Si l'auteur ne répond pas ou s'il ne peut être joint, il ne reste alors plus qu'à contacter l'hébergeur (s'il est français) et bien souvent il acceptera de retirer de lui-même les éléments incriminés si l'entreprise argumente de façon claire et irréfutable leur caractère diffamatoire.

---

1 Pour avoir un aperçu des détournements, le plus simple est de taper le nom de la marque sur Google Images.

6. Une approche méthodologique pratique :
le « nuage d'influence »

Si l'hébergeur est étranger, cela s'avère beaucoup plus compliqué... Bien entendu il y a sur la quasi-totalité des sites des formulaires à remplir ou des adresses mails à contacter en cas de détection de contenus « illicites »... Mais le résultat peut s'avérer éminemment aléatoire, d'autant plus qu'il s'agit de signaler à une personne anglophone en quoi un contenu en français serait illicite selon les lois françaises (qui sont bien différentes de celles des États-Unis par exemple...). ■

Quels modes d'action ?

La principale action consiste alors à publier de l'information sur les différents sites et espaces ainsi identifiés afin de valoriser les messages de l'entreprise ou de la marque sur le sujet.

Pour être efficace, cette démarche devra respecter quelques critères fondamentaux :
– insérer ces éléments de façon transparente, c'est-à-dire avec un compte ou un pseudonyme qui identifie clairement que cela a été fait au nom de l'entreprise ;
– adapter les contenus publiés au lieu de publication : s'il est possible de poster un film « publicitaire » sur YouTube, par contre l'information insérée sur Wikipedia devra remplir les critères de l'encyclopédie en ligne (voir encadré ci-dessous).

Ensuite, le travail principal consistera, sur chaque site et pour chacun des concepts du champ sémantique, à compléter les éléments existants avec de l'information provenant de l'entreprise ou même à créer ces pages.

Cette démarche s'avère très efficace, car elle fait remonter rapidement la visibilité de l'entreprise dans des moteurs de recherche tels que Google.

> **Exemple**
>
> **Intervenir sur Wikipedia : une question de principes**
>
> Le grand principe de Wikipedia est que tout le monde peut intervenir pour enrichir l'encyclopédie en ligne ; la seule condition étant de respecter les principes fondateurs[1] (neutralité du point de vue, licence libre des contenus, respect des autres contributeurs...) Donc, contrairement à ce qui est souvent cru, il n'est pas interdit à une entreprise ou une marque d'intervenir sur Wikipedia. Au contraire

---

1 http://fr.wikipedia.org/wiki/Wikip%C3%A9dia :Principes_fondateurs

même, l'intervention de spécialistes du sujet ne peut qu'enrichir l'encyclopédie en ligne.

Pour tout ce qui concerne la création d'une page spécialement dédiée à l'entreprise, à la marque ou à ses produits, le site Wikipedia propose quelques recommandations pour éviter que celle-ci ne se fasse retirer[1].

Si la page existe déjà – ce qui arrive fréquemment pour des entreprises renommées – l'approche la plus pertinente consiste alors à l'enrichir en tenant compte des recommandations de l'encyclopédie.

En revanche, ce qui est fortement déconseillé c'est d'effacer les contributions d'autres personnes sans excellentes raisons (les principales raisons étant que les contenus s'avèrent illégaux, diffamatoires, non-pertinents, peu fiables ou invérifiables[2]). Autre action déconseillée : agir de façon anonyme. Tout d'abord parce que l'anonymat sur internet n'est qu'un leurre – il suffit de peu de moyens pour identifier l'origine d'une intervention sur l'encyclopédie – et ensuite parce que cela fait courir un risque à l'entreprise.

Une société s'est récemment faite condamner à 25 000 € d'amende pour avoir supprimé son concurrent de Wikipedia.

Sur les lieux négociés

Acquérir une visibilité sur des espaces gérés par de tierces parties n'est pas simple. En revanche, ces lieux offrent une crédibilité très forte car, qu'il s'agisse de *think tanks*, de blogs, de webzine ou de médias, ils transmettent une forte image d'expertise auprès de leurs audiences. Sans compter qu'ils servent souvent de références pour d'autres sites qui n'hésitent pas à les citer. Cet essaimage des sources, très propre au web collaboratif, renforce la crédibilité des messages.

Le développement d'une stratégie de communication et de visibilité vers ces « lieux négociés » requiert un peu de patience, une réelle implication et beaucoup de d'attention. Cela prend du temps. La communication ne se fait plus au rythme de l'entreprise mais au rythme de ces espaces qui peut s'avérer plus ou moins rapide. Si les médias sur internet ont des périodes de « parution » assez régulières et prédéfinies, celles des blogs et des *think tanks* s'avèrent bien souvent beaucoup plus aléatoires.

L'autre élément clé de la réussite de cette stratégie c'est l'implication de l'entreprise. La relation vers ces espaces – notamment les blogs et les *think tanks* – sera d'autant plus riche et efficace que se développera

---
1 http://fr.wikipedia.org/wiki/Wikipédia:Notoriété_des_entreprises,_sociétés_et_produits
2 http://fr.wikipedia.org/wiki/Wikip%C3%A9dia:Crit%C3%A8res_d%27admissibilit%C3%A9_des_articles#Crit.C3.A8res_g.C3.A9n.C3.A9raux

6. Une approche méthodologique pratique : le « nuage d'influence »

un véritable échange d'idées et de compétences. C'est le fondement même du web collaboratif

Enfin, il faudra beaucoup d'attention, car il s'agit là de s'adresser directement aux communautés « qui comptent » sur le sujet ; une erreur d'appréciation, une approche un peu maladroite et voilà que l'entreprise ou la marque risque de se faire stigmatiser et malmenée par ceux sur lesquels elle comptait.

Pour être présent sur ces sites, il y a également la possibilité d'acheter de l'espace publicitaire ou de définir des modes de « partenariats ». Cette approche plus directe et rapide garantit une certaine visibilité immédiate, mais s'avère très vite onéreuse. De plus cette relation financière entre entreprise et blogueurs est assez mal perçue par les internautes (quelques blogueurs ont vu leur crédibilité s'effondrer faute d'avoir ouvertement annoncé de tels partenariats).

Avant de mener des actions vers ces lieux négociés il convient de définir une stratégie d'approche :

- Quels sont les sites les plus importants et quelle est leur position ?

    Pour le déterminer, le plus efficace est de développer une approche de classement des sites selon leur influence et leur « position » face à la problématique (voir p. 92).

- Quelles sont leur caractéristiques ?

    Il ne sera pas possible de s'adresser de la même façon à un site de média qu'à un blogueur ou une communauté d'utilisateurs sur un forum. Selon ses caractéristiques propres – blog, réseau social, site média… – et celles de son/ses auteurs, chaque lieu d'expression nécessite une approche spécifique.

Exemple

Quand la communication fait long feu

Une société du secteur de la défense a eu la bonne idée de développer des relations avec l'un des blogs les plus influents du secteur. Le projet était alors de donner chaque mois le « point de vue de l'industriel » sur une problématique de défense abordée par ce blog.

Cette démarche plutôt pertinente permettait de mettre en place à moindre coût une approche « gagnant/gagnant » : l'industriel avait la possibilité de mettre en avant sa « capacité réflexion » auprès de la communauté des experts du secteur ; quant au blog il y gagnait à la fois du contenu à valeur ajoutée et la preuve d'une certaine reconnaissance de la part d'un acteur majeur du secteur.

Au final l'expérience s'est révélée plutôt décevante : les textes mis en ligne par l'entreprise se sont avérés insipides et loin des « canons » du secteur. Résultat, les lecteurs du blog n'ont pas tardé à dénoncer cette collaboration sans véritable intérêt.

À quoi peut-on imputer cet échec ? Tout simplement au manque d'adaptation de l'entreprise aux contraintes de ce nouvel espace. Celle-ci, soucieuse de son image externe, avait instauré un processus de validation des textes par de multiples relecteurs. Au final, au fil des modifications et changements des uns et des autres, le texte initial perdait de son intérêt et se transformait en un condensé de lieux communs. Inutile de dire, que cela ne correspondait plus du tout aux attentes des lecteurs du blog, spécialistes du sujet.

Quels modes d'actions ?

D'une façon générale, ces lieux négociés (médias sur internet, les blogs, *think tanks*...) doivent être traités comme des médias, c'est-à-dire en développant des techniques de relations presse et publiques traditionnelles :

- Identifier les sites pertinents.

C'est une évidence, mais il est toujours nécessaire de le rappeler. De nombreux journalistes ou blogueurs se plaignent de recevoir des communiqués de presse sur des produits ou des annonces sans aucun lien avec le contenu de leurs médias.

- Identifier les destinataires de l'information.

Les médias sur internet comme dans le monde « réel » disposent d'équipes de journalistes et de contributeurs. Envoyer des informations au rédacteur en chef, à l'adresse info@nomdusite.com ou contact@nomdublog.fr risque de ne pas être efficace... Quelques recherches rapides *via* Google permettent souvent d'identifier précisément le journaliste, le chercheur spécialisé sur le sujet ou l'auteur du blog de référence.

- Prendre contact de façon informelle.

Avant de demander quelque chose ou de vouloir proposer un partenariat le plus efficace est quand même de rencontrer le journaliste ou le blogueur de façon informelle. Invitez-le à prendre un petit déjeuner lors duquel vous vous présenterez et présenterez votre entreprise. Cet échange non seulement facilitera grandement les contacts par la suite mais de plus vous donnera sans doute des idées. Évidemment, soyez clairs dans vos intentions et testez éventuellement des idées. C'est le moment !

6. Une approche méthodologique pratique : le « nuage d'influence »

- Parler de ce qui intéresse les lecteurs.

Consulteriez-vous un blog qui ne contiendrait que la publicité pour des produits ou ne reproduirait que des communiqués de presse ? Sans doute non. Alors pourquoi espérer que les autres le fassent ? Adaptez votre discours, votre texte, votre message à ce que cherchent les lecteurs.

- Développer des relations récurrentes.

L'efficacité de la relation repose essentiellement sur la durée. Il ne faut donc pas hésiter à contacter régulièrement ces acteurs : envoi d'informations, invitations à des évènements, organisation de déjeuners avec des experts de l'entreprise sur des sujets spécifiques...

> **Exemple**
>
> De plus en plus d'entreprises invitent désormais les blogueurs les plus influents aux évènements presse qu'elles organisent et les traitent comme des journalistes. Dans certains cas, des marques vont même jusqu'à organiser des évènements uniquement dédiés aux blogueurs.
> Quant aux *think tanks*, les inviter également de façon récurrente à des évènements ne peut que s'avérer bénéfique. Plus ils connaissent l'entreprise et son discours, plus ils auront tendance à s'adresser à ses experts si nécessaire.

Évaluer les résultats

Comment savoir si la stratégie de communication sur des sujets sensibles vers les réseaux sociaux a porté ses fruits ? C'est une question à laquelle il est difficile de répondre. L'absence de crise, est-elle la preuve que l'entreprise perd son temps à développer des efforts importants pour rien, ou confirme-t-elle que la stratégie de prévention de crise est efficace ?

Même si l'exercice n'est pas simple, il reste toujours la possibilité de tenter d'évaluer les résultats, d'un point de vue à la fois qualitatif et quantitatif à partir de données concrètes et tangibles.

Une approche quantitative : évaluer la visibilité

Le critère incontournable en termes d'évaluation de la visibilité sur internet reste incontestablement Google. En effet plus de 9 internautes sur 10 font leurs recherches sur Google, ce qui positionne *de facto* le moteur de recherche comme l'une des portes d'entrée principales du web.

Le test de Google, consiste tout simplement à effectuer une recherche autour de la problématique initiale de l'entreprise afin d'évaluer ce qu'il en ressort. Évidemment, pour obtenir des résultats fiables, il faut éviter d'utiliser des mots trop génériques dont les résultats n'amèneraient rien de significatif.

Exemple

Chercher la source d'information

Une marque d'eau en bouteille souhaite se positionner sur la problématique du recyclage des bouteilles en plastique. L'évaluation de sa visibilité sur le sujet, peut se faire de multiples façons, plus ou moins pertinentes. Selon les mots clés, les recherches donneront sans doute des résultats différents :

- « Recyclage » : faire une évaluation sur ce mot-clé n'apportera rien de pertinent car il est trop « générique ». Les pages qui vont apparaître n'auront qu'un lointain rapport avec notre problématique.
- « Recyclage bouteille » ou « Recyclage PET » sera plus significatif. Il peut être intéressant de voir quels sont les sites qui apparaissent et quels sont leurs positionnements. Sont-ils plutôt positifs ou plutôt critiques ? Le site de la marque apparaît-il ?
- « Recyclage [Marque x] » là devient essentiel. Qu'est-ce qui en remonte ? Le site de la marque apparaît-il en première position ? Si ce n'est pas le cas, quel est le site qui apparaît comme leader dans Google ? (Fréquemment, il s'agit de Wikipedia…) Y a-t-il des sites critiques sur le discours de la marque qui deviennent visibles ?
- « [Marque x] » : enfin il peut être intéressant de faire une recherche simple sur la marque ou l'entreprise afin de voir si son discours sur le recyclage apparaît bien ou non dans la première page des résultats.

Pour évaluer l'efficacité de la communication sur le référencement naturel, il suffit de faire le test avant de mettre en place l'approche par « nuage d'influence » et de noter alors les sites qui apparaissent en première page (soit les 10 premiers résultats). Puis à le refaire quelques semaines après avoir lancé les différentes actions de communications sur les espaces légitimes, libres et négociés. L'efficacité se verra immédiatement en fonction de l'apparition ou non des sites et espaces porteurs des messages et du positionnement de l'entreprise dans les premières pages de résultats.

6. Une approche méthodologique pratique :
le « nuage d'influence »

> **Exemple**
>
> **La première page de Google… ou rien !**
>
> De nombreuses études ont été faites par les spécialistes du web pour déterminer l'impact de la position d'un site ou d'un page dans le classement Google sur sa fréquentation. Selon Chitika[1], un institut d'étude la publicité en ligne, 94 % des clics se feraient sur la première page des résultats de Google, contre 6 % sur la seconde page. L'institut n'a même pas pris la peine d'étudier les résultats des 3e et 4e pages…

Évaluer en termes qualitatifs : les gains de crédibilité

L'objectif principal d'une stratégie de communication selon le principe du « nuage d'influence » consiste à « diffuser » dans les communautés ciblées une perception positive de l'entreprise et/ou de la problématique qui la concerne. Pour cette raison, l'évaluation de l'efficacité de la stratégie se fera principalement sur les lieux « négociés », c'est-à-dire ceux où la marque ne contrôle par le contenu ; où ce contenu est produit, géré et diffusé par d'autres. Le choix des lieux retenus pour l'évaluation dépendra de leur influence auprès des communautés fondamentales pour la marque et/ou l'entreprise.

Les critères principaux permettant d'obtenir une vue globale de l'ensemble et ainsi de juger de l'efficacité de la communication sont les suivants.

- La reprise des sources émises par l'entreprise

Les textes, films, présentations… créés par l'entreprise sur le sujet sont-ils repris ? Cités ? Les sites tels que Slideshare, Docshare, YouTube, etc. affichent généralement le nombre de fois où le document, la présentation ou le film a été vu. Cet indicateur donne un aperçu de la « popularité » du document.

Il est important également de pouvoir évaluer si ces mêmes éléments sont repris et cités par d'autres, en particulier dans les espaces et communautés influents. Il suffit parfois d'un tweet de la part d'un « leader d'opinion » à propos d'une présentation ou d'un film pour voir la popularité du document croître en quelques minutes.

---

[1] Étude réalisée en décembre 2010 et disponible sur http://insights.chitika.com/2010/the-value-of-google-result-positioning/

Cependant quelles que soient la valeur et la pertinence d'un document, il ne faut pas s'attendre à ce qu'il soit repris systématiquement. La rapidité de circulation de l'information varie essentiellement en fonction de l'aptitude de l'entreprise à mobiliser quelques leaders d'opinion sur le sujet.

- Les discours de l'entreprise et/ou de ses experts sont-ils perçus comme positifs et crédibles ?

Cette crédibilité est fondamentale pour le développement d'une stratégie de communication d'influence. Il y a deux éléments de crédibilité qui sont liés mais cependant différents : la crédibilité de la marque et celle des « experts » de l'entreprise. De façon naturelle l'un nourrit l'autre.

La crédibilité s'évalue principalement en étudiant les contenus des espaces considérés comme essentiels pour la marque (blogs, tweets, Facebook, *think tanks*…) et la façon dont ils reprennent les discours de l'entreprise, de façon positive ou négative.

Le nombre de ces reprises sur les blogs, les posts, les tweets, les commentaires… est un indicateur. Est-il plutôt stable ou en décroissance ? La fréquence de publication se ralentit-elle ?

> **Exemple**
>
> **La communication d'influence vue par IBM**
>
> Delphine Remy-Boutang, WW Digital Social Media Marketing Manager, d'IBM résume par cette phrase la stratégie d'IBM sur le Net[1] : « Pas de communication de masse, mais des masses de communicateurs (et d'experts) ». Il s'agit tout simplement de transformer les IBMers en porte-paroles de l'expertise du géant informatique, en les incitant à participer de façon active aux discussions de la blogosphère.
>
> « La stratégie social-média d'IBM est simple : l'employé est l'ambassadeur du *brand* IBM. En d'autres termes, le *brand* est l'employé. À travers leurs blogs et leur présence en ligne sur le social web, les IBMers s'expriment sur les sujets de leur choix, de leur expertise ». Cette communication par l'expertise, correspond tout à fait aux critères du web fondés sur le partage et l'échange gratuit du savoir entre internautes. Il nécessite néanmoins d'avoir une grande confiance dans ses employés…

---

[1] Blog « Plateau Télé », « Une guideline pour les IBMers » par Delphine Remy-Boutang, 26 mai 2011.

6. Une approche méthodologique pratique :
le « nuage d'influence »

L'essentiel

▶▶ **Une stratégie** d'influence efficace commence par investir les lieux les plus évidents – site de l'entreprise, de la marque.

▶▶ **Le saupoudrage** de l'information sur les lieux les plus influents du web renforce la visibilité et la légitimité des messages de l'entreprise.

▶▶ **Développer** toujours un discours sincère et clair, adapté dans le contenu et la forme aux espaces ciblés.

▶▶ **L'efficacité** d'une stratégie d'influence provient de la visibilité de l'entreprise sur les pages Google, et de sa crédibilité sur les espaces communautaires les plus influents.

Partie III

Faire face à la crise sur internet

« Le monde ancien s'en est allé, un monde nouveau est déjà né. »

Lettre de Saint Paul aux Corinthiens

Chapitre 7

Communiquer efficacement en situation de crise

Executive summary

- **La communication** en situation de crise a pour principale fonction de protéger la réputation de l'entreprise auprès de ses publics.
- **La gravité de la crise**, en termes de communication, va dépendre de la perception de la responsabilité de l'entreprise dans la crise et de sa réputation.
- **Avant même** de commencer à communiquer, l'entreprise doit gérer la crise ; tant que cela n'est pas fait, la communication sera inaudible.
- **Les médias sociaux**, à la fois amplificateurs et accélérateurs de la crise, jouent un rôle fondamental dans la mobilisation ou non de l'opinion autour du sujet de crise.

7. Communiquer efficacement en situation de crise

Qu'il s'agisse d'une crise sur le web collaboratif ou dans la « vie réelle », les premières heures seront essentielles. Les toutes premières actions de l'entreprise, les premières prises de parole donneront immédiatement le ton de la suite et faciliteront, ou au contraire compliqueront la gestion de la communication.

L'importance de la forme et du fond...

Mais toutes les crises ne sont pas identiques. Tout d'abord, sur la forme, il y a les crises inattendues et celles qui sont imprévues. Dans le premier cas, le risque a été déjà identifié et la communication de crise anticipée. La gestion de ces crises connues mais inattendues peut souvent être « industrialisée » à travers la mise en place de processus précis. Dans le cas de crises imprévues, l'entreprise doit faire à une situation nouvelle à laquelle elle ne s'était pas préparée ; la gestion n'en est que plus difficile. Ensuite, sur le « fond », peuvent être différenciées les crises « industrielles » des crises « d'images ». Les crises « industrielles » ou endogènes sont celles causées par le fonctionnement de l'entreprise. Par exemple, un accident ou un incident. L'entreprise dispose dans la plupart des cas, d'un temps plus ou moins long pendant lequel la crise reste « privée », c'est-à-dire connue d'elle seule. Ce temps d'avance sur l'extérieur (les médias, les riverains, les communautés internet…) s'avère très utile. Cependant, plus la crise est importante, plus ce temps est court. Les crises « d'images » ou exogènes sont celles créées par des éléments extérieurs. Par exemple, une association environnementale prend à partie sur le web une marque de jouets sur sa politique d'emballage qui serait non respectueuse de l'environnement. Dans ce cas l'élément déclencheur n'est pas intrinsèque à l'entreprise, mais une source extérieure.

Ces crises d'image sont bien plus difficiles à gérer car l'entreprise ne maîtrise absolument pas l'agenda ; elle se retrouve dans une position défensive cherchant à anticiper les actions de « l'adversaire ».

Conserver les fondamentaux

Avant même de mettre en place une communication de crise sur le web collaboratif, il est important de bien avoir en tête les quelques règles « de base » que toute entreprise se doit de suivre en situation de crise – crise dans le monde « réel » comme dans le monde « numérique » – et particulièrement, le triptyque comportemental : Humilité – Compassion – Transparence.

Quel que soit le théâtre de la crise, il n'y a pas de fatalité. La surprise peut être totale et la situation complexe à gérer, mais au final il ne faut jamais oublier que l'audience est composée d'individus capables d'entendre et de comprendre une argumentation, pour peu qu'elle soit faite avec sincérité et clarté. Les réactions sont donc assez souvent prévisibles en fonction de ce que fait l'entreprise.

Au final la différence entre une crise « numérique » et une crise « réelle » n'est pas si importante que cela au niveau de la gestion de communication ; l'essentiel repose avant tout sur la bonne compréhension des usages de ces nouveaux outils technologiques.

Au cœur du sujet : la réputation

Le rôle de la communication lors d'une crise est essentiellement de protéger la réputation de l'entreprise auprès de ses parties prenantes[1]. Cette notion de réputation est traditionnellement définie comme l'évaluation globale qu'ont ces parties prenantes sur la capacité de l'entreprise à répondre à leurs attentes, en fonction de son comportement passé. À partir de là, la réputation peut être perçue comme un capital de « sympathie » ou « d'antipathie » dont le « montant » s'accroit ou diminue en fonction des actions réalisées.

Or, selon plusieurs études menées aux États-Unis notamment[2], cette notion de réputation a un impact positif ou négatif sur la réussite de l'entreprise. Une réputation positive attirera plus facilement les clients, facilitera la recherche d'investisseurs, jouera sur l'avantage compétitif, aidera le recrutement en attirant les talents… À l'inverse, une réputation négative rendra les parties prenantes moins favorables voire hostiles avec des conséquences sur la conduite des affaires (difficulté à être référencé, problème d'obtention d'autorisation administrative, risque accru de perdre des procès, attraction moindre auprès des jeunes diplômés…).

---

1 Le mot partie prenante est pris au sens de « *stakeholder* ». Ce mot anglo-saxon, difficilement traduisible, recouvre l'ensemble des personnes ayant des liens avec l'entreprise : employés, clients, actionnaires, riverains, institutionnels, fournisseurs, organismes de régulation…
2 Voir à ce sujet la *Corporate Reputation Review*, publiée par le « Reputation Institute ».

Qualifier la crise

Au niveau de la communication, les deux critères majeurs retenus pour évaluer le risque de réputation lié à une crise sont l'origine perçue de la crise (accidentel ou non) et l'historique et la réputation de l'entreprise (a-t-elle un passif ou non ?).

De l'accident à l'acte d'incompétence

L'évaluation par les parties prenantes de la responsabilité – ou non – de l'entreprise dans la crise revient à déterminer à quel point celle-ci est (ou non) perçue comme la cause de la crise. Les travaux de l'universitaire américain Timothy Coombs[1] à ce sujet, ont permis de définir trois types de « responsabilités » selon les cas.

L'entreprise comme victime

Dans ce cas, l'entreprise n'est pas ou peu considérée comme responsable de la crise. Ce peut être par exemple lorsque que la crise résulte d'une catastrophe naturelle, d'un évènement extérieur (chantage, malversation, contrefaçon...), d'une rumeur...

L'entreprise est perçue comme une victime de la crise, au même titre que d'autres victimes de la situation.

La crise accidentelle

Dans ce cas, la responsabilité de l'entreprise reste peu engagée, même si elle est bien considérée comme à l'origine de la crise. Il s'agit principalement de problèmes résultants d'erreurs techniques. Par exemple un rappel de produits dû à une mauvaise conception ou une pièce défectueuse. L'évènement à l'origine de la crise est perçu comme incontrôlable et non intentionnel.

La crise d'incompétence

C'est le pire des cas, lorsque l'entreprise est considérée comme étant pleinement responsable de la crise, soit par son incompétence, soit par un comportement inapproprié. Bien souvent ce type de crises est du à des erreurs humaines ou des actes délictueux.

---

[1] Timothy Coombs, *Corporate Reputation Review*, Vol. 10 n°3, 2007, p. 163-176.

Par exemple, il s'agit des crises où l'on apprend que l'entreprise a volontairement eu un comportement inapproprié ou a sciemment caché des informations.

Selon le niveau de responsabilité perçu par l'opinion, la réaction des parties prenantes sera bien évidemment différente. L'objectif de la communication est alors d'éviter absolument à l'entreprise d'apparaître comme incompétente. Si l'origine de la crise joue un rôle majeur dans cette perception, la communication reste également fondamentale.

> **Exemple**
>
> **EDF contre Total**
>
> Fin 1999, les grandes tempêtes ont eu deux conséquences majeures : le naufrage de l'Erika et des coupures massives d'électricité dans le sud de la France. À l'origine ces deux cas pourraient paraître similaires, EDF comme Total ont été victimes de conditions météorologiques exceptionnelles. Mais c'est la communication qui a fait la différence.
>
> D'un côté, EDF a mis en avant les efforts de l'entreprise et la mobilisation de ses équipes pour résoudre au plus vite l'électricité. Les dirigeants de l'entreprise n'hésitaient pas à intervenir dans les médias pour faire le point sur la situation et expliquer les éventuelles difficultés rencontrées. À l'opposé, Total donnait l'image d'une entreprise peu concernée par la marée noire causée par l'Erika. Sous prétexte que sa responsabilité juridique n'était pas engagée directement par ce naufrage, elle ne communiquait quasiment pas. Les erreurs de communication de Total ont présenté l'entreprise comme incapable de prendre la mesure du problème.

Le poids de l'histoire et de la réputation

Deux autres facteurs, très liés entre eux, jouent un rôle clé : l'historique des crises et la réputation de l'entreprise.

Historique des crises

L'entreprise a-t-elle déjà eu ce type de crise ? Comment l'a-t-elle gérée ? Les réponses à ces deux questions sont fondamentales et vont modifier la perception des parties prenantes. Si c'est la première fois que l'entreprise est confrontée à un type particulier de crise, l'opinion sera plus indulgente. À l'inverse, si le problème se répète, cela implique que l'entreprise a été incapable de mettre en œuvre une méthode efficace pour corriger ses dysfonctionnements. Et inévitablement se pose la question de l'intention : cette inefficacité est-elle liée à de l'incompétence ou, est-elle intentionnelle (par exemple, parce qu'elle aurait refusé de payer le prix la solution à apporter) ?

Le capital réputation

Si l'entreprise dispose d'une mauvaise réputation ou est perçue comme hautaine envers ses publics, il lui sera d'autant plus difficile d'apparaître comme la « victime » de la crise. *A contrario*, les parties prenantes seront toujours plus indulgentes vis-à-vis d'une entreprise qui possède une bonne réputation, ou encore mieux avec laquelle elles disposent de relations existantes. D'où la nécessité pour une entreprise de créer et d'entretenir des relations avec ses parties prenantes les plus importantes.

Les principes essentiels de la communication en situation de crise

La communication de crise, qu'elle soit faite vers les médias ou le monde de l'internet, répond à une série de principes immuables, qui sont vrais tant dans le monde réel que dans le monde virtuel.

Gérer la crise

C'est le premier principe. Cela paraît évident, mais il arrive, que dans la précipitation, cette notion essentielle soit oubliée… Aucune communication, aucun discours ne sera audible de la part des publics, des médias, etc. tant que l'entreprise n'aura pas démontré qu'elle gère la crise. C'est-à-dire qu'elle fait tout ce qui est possible pour protéger les victimes actuelles ou potentielles des conséquences de la crise ou du problème identifié.

De même que dans le monde « réel » il faut d'abord éteindre l'incendie puis communiquer, sur internet, il est indispensable de résoudre le problème, ou tout au moins de démontrer qu'il est pris en considération avant même de communiquer. Sur internet, l'absence de réaction de la part d'une entreprise face au mécontentement de consommateurs ou de parties prenantes peut rapidement s'envenimer et se transformer en véritable crise.

> **Exemple**
>
> **L'enfer de Dell**
>
> Dell fut l'une des premières marques à subir les effets des médias sociaux en 2005. L'un de ses clients, Jeff Jarvis, consultant et blogueur, exaspéré par l'inefficacité du service client, publia sur son blog « Buzzmachine.com » un article intitulé « My Dell Hell ». Très rapidement de nombreux internautes vinrent y ajouter des témoignages de leurs propres expériences décevantes et, durant l'été 2005, l'affaire prit une importance croissante pour finalement être reprise dans les médias en septembre.
>
> L'une des principales raisons de l'émergence de cette crise, fut la politique de communication de Dell qui était, à l'époque, de ne pas intervenir sur les blogs. Cela fut perçu par les consommateurs et les blogueurs comme un dédain affiché pour ces clients mécontents... et a attisé la crise.

Mettre en place rapidement une organisation efficace

La caractéristique majeure des crises, c'est qu'elles n'arrivent jamais au bon moment : période de forte charge de travail, vendredi soir, veille de week-end long... Or, la rapidité d'action dans ces situations-là est un critère clé.

Définir des processus d'alerte efficaces

Les processus d'alerte sont les prolongements naturels de la veille. De même que la veille identifie le plus en amont possible des sujets sensibles, les processus d'alerte permettent à l'entreprise de se mettre en configuration de gestion de crise dès l'apparition de signaux faibles fortement « crisogènes ».

Qui doit donner l'alerte ?

Idéalement tous les salariés. Même s'il existe une activité de veille performante, rien n'est plus efficace qu'une veille permanente faite par l'ensemble des salariés de l'entreprise. Dès qu'un élément porteur de risque apparaît sur le réseau, ou est identifié *via* d'autres canaux (service client, service juridique...), il est immédiatement remonté aux personnes chargées de la gestion de crise.

Pour mettre en place cette organisation, il suffit de rappeler de façon régulière à l'ensemble des salariés un numéro de téléphone ou une

7. Communiquer efficacement en situation de crise

adresse mail qu'ils peuvent joindre en permanence pour signaler tout élément qui semble à risque.

> **Fiche pratique**
> **Les informations essentielles sur une fiche d'alerte**
>
> **Coordonnées de celui qui émet l'alerte**
> • *Nom, prénom, service, téléphone portable, adresse mail*
>
> **Informations sur l'alerte**
> • *Date et heure de l'envoi de l'alerte*
>
> • *Description (rapide), lien internet, raisons pour lesquelles cette information est perçue comme à risque.*
>
> • *Provenance de l'information (découverte fortuite, alerte de news, transmission par un tiers, réseau dont elle est issue…)*
>
> • *Date et heure de la publication de l'information, éléments sur sa circulation éventuelle.*

La mise en place d'un système « d'accusé-réception » permet de s'assurer que l'alerte envoyée a bien été reçue et traitée. Cela peut être fait soit *via* téléphone (l'émetteur de l'alerte est rappelé dans les 30 minutes – 1 heure maximum) soit par mail.

Un moyen pratique pour sensibiliser un « alerteur » sur ce retour, peut-être de mettre en place une règle automatique mail du type :

> *« Merci pour votre message. D'ici une heure maximum, une personne va vous rappeler pour confirmer la bonne réception de votre alerte et son traitement. Si vous ne receviez pas de retour d'ici là, merci de contacter le numéro de téléphone suivant : XXXXXXXX »*

Rien n'est plus dangereux qu'une alerte qui n'est jamais traitée car oubliée. Le système d'alerte doit donc bien prévoir une approche par paliers successifs qui permet de s'assurer qu'un responsable de l'entreprise gère le problème identifié.

Qui est alerté ?

En tout premier lieu, il faut alerter quelqu'un qui est capable de prendre une décision. La crise requiert de réagir vite. Si la personne qui reçoit l'alerte doit à son tour contacter quelqu'un d'autre pour prendre une décision, cela signifie tout simplement qu'elle n'est pas au bon niveau.

Pour des sujets apparaissant sur internet, le plus efficace est sans doute d'alerter en priorité le responsable de la communication ou du marketing. En effet, sa connaissance de l'environnement – notamment grâce à la veille – lui permettra d'évaluer de façon rapide et fine la pertinence ou non de l'alerte, d'identifier son risque potentiel, et de décider le déclenchement éventuel de la cellule de crise.

Gérer les compétences

La crise qui apparaît sur internet peut concerner de multiples domaines : le service client, juridique, marketing, production, ressources humaines… Dans tous les cas il est important que le service concerné soit bien mis dans la boucle de décision.

Exemple

La cellule de crise au cœur du dispositif

La cellule de crise est l'un des éléments fondamentaux de la gestion de crise. Il s'agit de réunir physiquement ou virtuellement en un temps très court l'ensemble des personnes susceptibles de gérer la crise. Selon les types de crises et de risques, tous les membres de la cellule de crise ne seront pas forcément impliqués dans la crise mais il reste important qu'ils continuent à en suivre le déroulement.

Traditionnellement une cellule de crise réunit tout ou partie des fonctions suivantes : la direction générale, les ressources humaines, les finances, le service commercial, le marketing, la communication, la production, la qualité, le juridique.

7. Communiquer efficacement en situation de crise

Avis d'expert
Sandrine Place, conseil associée, i&e Consultants

Quel rôle joue le juridique dans la crise ?

Aujourd'hui, avec la judiciarisation croissante de la société, les juristes et notamment les avocats sont sollicités très régulièrement dans le cadre de la communication de crise.

Quelle conséquence cela a-t-il ?

Les entreprises, lors de crises, se sentent écartelées entre le traitement juridique de la situation et la protection de leur réputation. Or, il faut arriver à faire les deux à la fois pour préserver ses intérêts et enjeux à long terme.
Les avocats doivent absolument intégrer cette notion de gestion de l'opinion publique et de la caisse de résonance que constituent les médias off et on line. Parler devant les médias, ce n'est pas le même exercice que s'exprimer devant un tribunal. D'ailleurs, dans les faits, on s'aperçoit que lorsque le juridique est opposé à l'opinion, c'est souvent cette dernière qui a le dernier mot, ne serait-ce qu'en amenant le politique à modifier la loi ou tout simplement en influant le jugement. Quelques industriels en ont récemment fait l'amère expérience.
À l'inverse, la communication de crise doit également prendre en compte les risques juridiques et judiciaires. Cela passe par un choix des mots très attentif. L'entreprise peut tout à fait montrer qu'elle est touchée par un évènement, qu'elle se comporte comme un acteur « responsable » sans pour autant en endosser publiquement la responsabilité juridique. C'est important car au moment du procès, ce qui aura été dit dans les médias sera probablement utilisé par les parties.

Un conseil spécifique ?

Le premier conseil c'est de bien choisir son avocat, car eux aussi possèdent une image dans l'opinion qui va alors impacter l'entreprise. Prendre l'avocat des « causes perdues » ou régulièrement choisi par les entreprises mises en difficulté dans des crises majeures, passe un message clair auprès des médias. Ensuite, il est nécessaire de faire travailler intelligemment le tandem avocats / communicants pour gagner en efficacité et résoudre ainsi les impacts juridiques et d'image.

Structurer l'organisation pour faciliter la circulation de l'information

L'un des risques principaux de la communication en situation de crise est la multiplicité des prises de parole. Ce risque est d'autant plus grand que la crise se développe sur les médias sociaux. En effet, la virtualité de la situation, la facilité de la prise de parole et le sentiment permanent d'urgence peuvent donner l'impression que chacun peut intervenir. Or sur internet non seulement les écrits restent mais ils se retrouvent très facilement.

Pour se prémunir de telles interventions malencontreuses, la meilleure solution reste encore de sensibiliser l'ensemble des salariés à ce risque et, surtout de définir une organisation très claire.

Il faut avoir en permanence en tête – et pas seulement en situation de crise – que celui qui s'exprime sur les réseaux sociaux au nom de l'entreprise, en devient le porte-parole !

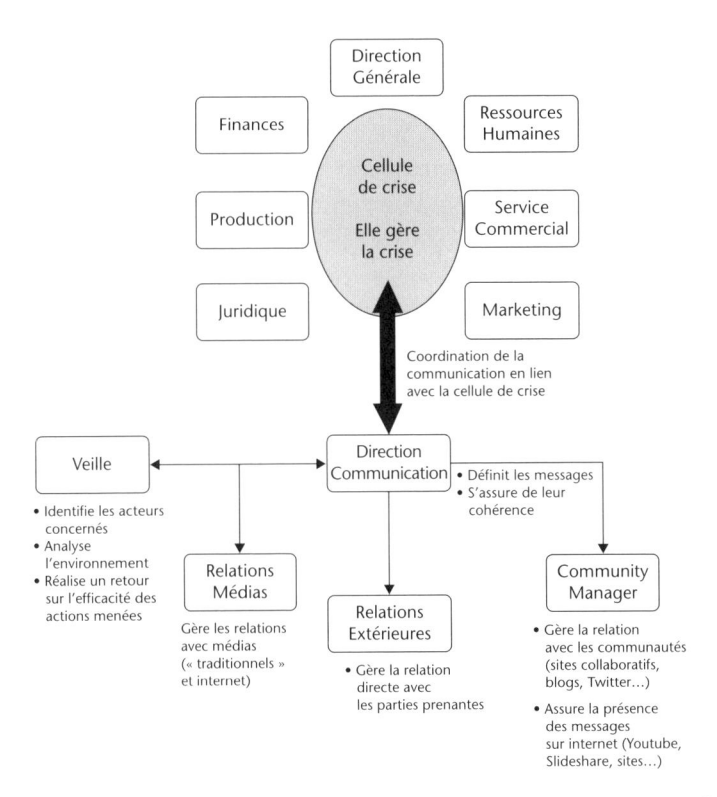

Figure 7.1 – Exemple d'organisation de la fonction communication en situation de crise

Une organisation de ce type s'assure de la cohérence et de l'unicité du porte-parole par grande type de cible.

La fonction « veille » joue également son rôle en amont et en aval de l'action. En amont, elle identifie les thèmes à risque et les communautés concernées ; en aval, elle permet de valider l'efficacité des actions menées et de proposer des actions correctives éventuelles.

La présence de nombreux médias sur internet – sites de médias papier ou *pure players* – et de nombreux journalistes sur les réseaux sociaux (particulièrement sur Twitter) nécessite une parfaite coordination en permanence entre le responsable des relations médias et le community manager.

Partager l'information

En situation de crise, le partage de l'information au sein de l'entreprise, et en particulier entre ceux qui gèrent la situation, est fondamental.

Au niveau de la communication, il s'agit de transmettre de façon régulière un état des lieux de la perception du problème par les parties prenantes et de son impact éventuel sur l'image de l'entreprise.

Ces « notes de crise » permettent aux décideurs, et notamment à la cellule de crise, d'avoir une vision de l'efficacité – en termes de communication – de leurs décisions et ainsi aider à la construction de messages.

Fiche pratique

**Exemple d'une note de crise
(source : Cabinet BWI)**

Résumé des faits
- Rappel en quelques lignes de ce qu'il s'est passé ou du risque identifié. Eléments essentiellement factuels et neutres.

Analyse
- **Synthèse et décryptage du fait déclencheur de la crise**
Au-delà du fait lui-même, il s'agit de mettre en avant les raisons qui font que cela a déclenché une crise.

- **Synthèse des communautés et des sujets qui génèrent des commentaires et réactions**
Quelles sont les communautés actives ? Quels sont les sujets qu'elles développent ?

Chronologie des faits

• L'inventaire de qui fait ou dit quoi, où, jour par jour voire heure par heure

Cette partie essentiellement factuelle peut être accompagnée de quelques commentaires qui permettent de bien comprendre les liens entre les évènements.

Zoom sur les leaders d'opinion

• Inventaire des leaders actifs :
– type d'espace ou de compte (Twitter, Facebook, blog, articles ou commentaires…).
– qui, avec quelle motivation à intervenir ?
– nature ou tonalité de la prise de parole.
– poids du leader (audience du forum, nombre de followers Twitter etc.)

Données chiffrées

• Volumétrie du bruit (avec courbe chronologique)
• Répartition des types d'espaces
• Répartition des tonalités

Préconisations

• Analyse des options possibles
– si on ne fait rien, que se passe-t-il ?
– si on prend la parole ? Si oui dans quel sens ?…
– si on agit indirectement ? Si oui comment ?…
• Stratégie à court terme
Comment traiter la crise dans l'immédiat ?
• Stratégie à moyen terme
Il s'agit à la fois de réfléchir aux étapes suivantes (l'anticipation reste un facteur clé de succès) et de préparer la sortie de crise. ■

Agir dans le doute

Avec l'absence de maîtrise du temps, l'un des éléments le plus perturbateur de la crise est la nécessité d'agir, de prendre des décisions, sans avoir l'ensemble des informations et des éléments. Cela va à l'encontre du fonctionnement normal d'une entreprise, où généralement une décision n'est prise que lorsqu'on dispose de toutes les informations nécessaires.

La tentation peut alors être grande d'attendre d'avoir plus d'informations, de valider la situation de crise, pour prendre des décisions qui peuvent s'avérer coûteuses à mettre en place (retrait ou rappel de produits par exemple). Mais en contrepartie, le risque s'accroît.

7. Communiquer efficacement en situation de crise

Cela est d'autant plus vrai pour les crises sur internet : l'information circule extrêmement vite ; tout retard dans la réaction accroît inexorablement le risque de développement de la crise.

Avis d'expert
Christophe Pelletier, directeur associé, Euro-RSCG C&O

Sur internet, le temps est un facteur essentiel. Plusieurs fois, il m'est arrivé d'avoir à agir très rapidement, le plus souvent d'ailleurs le soir ou le week-end lorsque l'activité sur les réseaux est la plus dense, pour empêcher que des « bad buzz » se développent.
Dans un premier temps, je cherche toujours à identifier l'auteur de l'information potentiellement source de crise, ou tout au moins les trois-quatres internautes les plus actifs sur le sujet, afin de les contacter « en privé » le plus vite possible. Cette démarche est le plus souvent bien perçue par les intéressés. En effet, les blogueurs et autres twittos sont pour la grande majorité prêts à discuter de vive voix pour entendre votre point de vue ou des informations jugées factuelles. De plus, le fait d'être contacté directement par un représentant de l'entreprise est quand même quelque part assez valorisant, car cela démontre qu'ils sont lus avec attention. Et, sauf à ce qu'il y ait un différend majeur entre l'internaute et la marque, ce contact direct permet très souvent de résoudre des situations au départ difficiles, mais aussi de faire entendre le point de vue de l'entreprise que les blogueurs vont la plupart du temps relayer dans l'immédiat. Mais cela n'est efficace que si la démarche est initiée au début du phénomène de « bad buzz ». Vu la vitesse de propagation de l'information sur internet, le temps joue contre l'entreprise. Celui qui s'exprime sur internet officiellement au nom de l'entreprise doit pouvoir le faire très rapidement, sans avoir à passer par un processus complexe de validations multiples, sinon c'est certain qu'il interviendra toujours trop tard et donc de façon contre-productive...

Agir vite ne veut pas dire pour autant se précipiter. Une prise de parole malheureuse sur le Net peut être assez destructrice. En l'absence d'informations claires, la réaction peut juste consister à signaler que l'entreprise a bien pris note du problème et fait son possible pour le résoudre. Ce positionnement très « basique » permet à court terme de faire baisser la pression et de gagner un peu de temps pour comprendre plus en profondeur la situation.

De même, un contact direct avec l'internaute à l'origine de la crise – quand il peut être identifié – permet souvent d'éviter à moindre frais la propagation de la crise.

Conserver une démarche éthique même face à la provocation

Rester en permanence éthique et dans le respect du cadre légal sont des attitudes primordiales ! L'impression d'anonymat, peut facilement faire croire qu'il est impossible de remonter à la source de commentaires ou d'actions plus ou moins légales. C'est tout simplement faux !

Récemment encore une grande agence de communication a été mise en cause pour avoir posté depuis un ordinateur de son réseau des commentaires injurieux envers un blogueur opposant à Hadopi. Peut-être s'est-elle fait pirater son réseau ? Ou peut-être s'agit-il d'une initiative de l'agence ? Dans tous les cas, il n'a fallu que quelques minutes aux activistes pour remonter la piste de la provenance de ces commentaires, malgré les tentatives faites pour rester anonyme. Il ne faut jamais oublier que la plupart des activistes sur internet possèdent d'importantes connaissances techniques informatiques et peuvent bénéficier dans leurs réseaux de conseils juridiques de très haut niveau.

Il convient donc de garder son sang-froid et de ne jamais tomber dans l'illégalité.

Continuer à communiquer, ne pas s'isoler

Lorsque l'entreprise ou la marque sont mises en difficulté, elles peuvent être tentées de se recroqueviller sur soi. Le monde est brutalement devenu hostile ; le réflexe primaire est alors de ne plus s'exprimer. C'est le fameux « Sans commentaire » tant prisé dans les séries américaines mais si destructeur dans la réalité.

Ne pas s'exprimer en situation de crise c'est au mieux donner à l'autre tout le champ nécessaire pour déployer ses arguments, au pire se vêtir des habits du coupable idéal.

À l'inverse, les personnes concernées par la crise – opposants, activistes, victimes réelles ou perçues… – utiliseront probablement tous les moyens possibles pour faire connaître leur cause. Or, sur les réseaux, comme sur les médias, c'est souvent celui qui parle le plus et/ou le mieux qui a raison.

C'est donc au contraire, en période de crise, qu'il est essentiel de communiquer avec ses publics et ses parties prenantes.

Les comportements gagnants

Rester crédible

Le jour où l'entreprise perd sa crédibilité, elle n'existe plus sur le terrain de la communication de crise. Rester crédible c'est :
– ne pas mentir ;
– dire ce que l'on sait ; dire lorsque l'on ne sait pas.

Adopter une attitude compassionnelle

Il y a crise parce qu'il y a des victimes réelles ou perçues qui ont été identifiées. Cela ne sert à rien, sinon à envenimer la situation, que tenter de remettre en cause ce statut. En revanche, il est indispensable de montrer que l'entreprise cherche :
– à comprendre ce qui s'est passé ;
– à résoudre le problème réel ou perçu le plus vite possible.

Rester humble

La crise c'est la preuve de la faillibilité de l'entreprise pour l'opinion. Il ne sert à rien de vouloir démontrer le contraire. L'idée d'une organisation infaillible est déjà assez peu crédible en situation normale ; elle ne l'est pas du tout dans ces moments-là. Rester humble c'est :
– dire que l'on ne sait pas forcément ce qu'il s'est passé ;
– accepter de s'être trompé et le dire.

L'opinion au cœur de la communication

La communication en période de crise, c'est avant tout la bataille de l'opinion ou plutôt « pour » l'opinion. Il faut démontrer le plus rapidement que l'entreprise fait tout son possible pour résoudre la crise au mieux de l'intérêt des victimes potentielles.

Cette première bataille s'avère décisive pour la suite de la communication car, la capacité de mobilisation ou non de l'opinion sur le sujet, influera fortement l'issue de la crise.

Aujourd'hui, depuis les interviews express sur un sujet d'actualité publiées dans les pages du *Parisien* et d'*Aujourd'hui en France*, jusqu'aux sondages les plus pointus, l'attention portée à l'opinion, à ce que pensent les « gens » est permanente.

En période de crise la minimisation ou l'ignorance du rôle de l'opinion a comme première conséquence une aggravation de la crise. Pour avoir oublié cela, des entreprises ont récemment vu leur avenir s'assombrir très rapidement.

> **Exemple**
>
> **Skyrock : l'opinion au secours du PDG**
>
> Près de 30 ans après la grande mobilisation des auditeurs réussie par NRJ en 1984, le fondateur de Skyrock, Pierre Bellanger, a également utilisé cette technique du recours à l'opinion pour, non plus contrecarrer une menace de coupure des émetteurs, mais une réorganisation de l'équipe dirigeante de la station. Le 12 avril 2011, Axa Private Equity, principal actionnaire de la station décide de démettre Pierre Bellanger de ses fonctions de directeur général et nomme à sa place Marc Laufer, ce dernier ayant pour mission d'accroître la rentabilité de la station. Immédiatement salariés et animateurs de la station se mobilisent et appellent les auditeurs à soutenir la station et son fondateur. Les réseaux sociaux jouent un rôle majeur dans cette mobilisation avec une page Facebook qui a atteint plus de 350 000 fans en 24 heures[1]. Le mot Skyrock aurait même été pendant ces premiers jours de crise le terme le plus twitté au monde.
>
> Et tandis que Pierre Bellanger refuse de quitter son bureau, des auditeurs se rendent au pied de l'immeuble de la station et organisent un barrage filtrant qui empêchera même le nouveau directeur général d'entrer.
>
> Dans la soirée, les animateurs demandent aux auditeurs d'en appeler aux pouvoirs publics. Cela aurait abouti à une saturation momentanée du site internet du ministère de la Culture et de la Communication[2].
>
> Il ne faut pas longtemps pour que les politiques s'en mêlent et en quelques heures se succèdent à l'antenne François Hollande, Jack Lang, Frédéric Mitterrand, Rama Yade, Rachida Dati, Jean-Luc Mélenchon… ainsi que de nombreux artistes.
>
> Une contre-attaque médiatique est bien tentée avec la mise en ligne d'une vidéo sur YouTube, Kewego et Dailymotion où Marc Laufer explique ses intentions, ainsi que l'organisation d'interviews dans quelques médias (*Le Point* et *20 Minutes* notamment). Mais les résultats seront bien en dessous de ce que peuvent faire les « défenseurs » de Skyrock. Alors que le nombre de « vues » des interventions de Marc Laufer oscillent entre 33 000 pour YouTube et 65 sur Dailymotion, des vidéos faites par les auditeurs et les supporters de la radio dépassent les 1 500 000 vues[3] !
>
> Le 20 avril, après une semaine de rebondissements, un dénouement sera trouvé avec l'achat par un consortium, dont Pierre Bellanger fait partie, d'une partie des

---

1 http://www.facebook.com/pages/DEFENDONS-LA-LIBERTE-DE-SKYROCK
2 *L'Express.fr*, « Soutien pour Skyrock, la seule radio pour les jeunes ! », 13 avril 2011.
3 La vidéo de Colonel Reyel, « celui qui soutient skyrock » sur YouTube notamment.

parts détenues par Axa. Ce dernier reprendra la majorité du capital et conservera sa place de directeur général.

L'utilisation massive des outils internet – notamment de Facebook, de Twitter et des sites de partage de vidéos – a permis au fondateur de Skyrock de mobiliser en quelques heures l'opinion sur un sujet *a priori* économique et de faire plier son actionnaire majoritaire.

Cet exemple illustre l'efficacité de la mobilisation de l'opinion dans une situation conflictuelle. À partir du moment où l'opinion s'empare d'une cause il devient quasi impossible d'aller contre, sous peine de se retrouver rapidement « hors-jeu ». Si autrefois l'expression de cette opinion était difficilement visible (à part à travers l'utilisation de pétition ou l'organisation de manifestation), aujourd'hui, l'utilisation des réseaux sociaux permet de créer quasi instantanément un réel rapport de force. Lorsque plus de 350 000 personnes s'expriment sur un sujet en moins de 24 heures, il est difficile de ne pas les entendre.

Cette stratégie du recours à l'opinion est largement utilisée par les ONG et plus rarement par les entreprises. Le dernier cas récent concerne la mobilisation réalisée avec succès par les fabricants de systèmes d'alerte de radars routiers.

La mobilisation de l'opinion

Le poids de l'opinion

L'opinion peut être perçue comme un espace vierge qui, selon les évènements se positionne sur un sujet donné comme un allié ou un opposant de poids.

D'une façon générale, les mouvements activistes cherchent systématiquement à mobiliser l'opinion sur leur cause, car c'est avant tout le nombre qui va crédibiliser la démarche auprès des influenceurs (les médias notamment) ou des décideurs (politiques, régulateurs… très sensibles aux mouvements d'opinion).

Pour une entreprise, la communication vers l'opinion est moins naturelle. Néanmoins, la prise en compte de cette opinion devient indispensable soit lorsque de tels mouvements activistes la mobilisent contre l'entreprise, soit lorsqu'il existe un risque que l'opinion prenne d'elle-même parti contre l'entreprise. Par exemple, lors d'un accident, si l'entreprise gère mal sa communication, son image peut se trouver fortement dégradée.

Le développement de la crise dans l'opinion

Sur internet, comme dans les médias traditionnels, la crise se développe dans l'opinion selon trois grandes phases :
- **L'émotion** : au moment de la révélation des faits, c'est l'émotion qui prime. Les victimes sont mises en avant, les pires scénarios sont évoqués. Au niveau médiatique, c'est le temps de la recherche de témoins : ceux qui ont vu l'évènement, ceux qui en ont été victimes, ceux qui connaissent les victimes…
- **L'explication** : comment a-t-on pu en arriver là ? C'est le moment de l'investigation. Les médias cherchent des explications. Le discours se veut moins émotionnel et plus rationnel. C'est également le temps des experts, à charge et à décharge. Que peut-on faire pour que cela n'arrive plus ?
- **La réparation** : qui va payer ? C'est le temps des responsabilités. Les aspects juridiques prennent le pas sur l'émotionnel. Les dommages réels ou perçus sont quantifiés par ceux qui s'estiment victimes de l'évènement ou par leurs avocats.

Ce déroulement de la crise est quasi immuable. Sa compréhension permet donc d'organiser au mieux la communication en évitant des erreurs de *timing*, c'est-à-dire de parler à contretemps. Évoquer l'aspect technique lors du temps « émotionnel » donnera l'impression d'une entreprise froide, inhumaine. À l'inverse, vouloir communiquer sur un registre émotionnel lors la phase « juridique » de recherche de responsabilité, transmettra une image de manipulation, d'entreprise qui cherche à « noyer le poisson », à se défausser.

Les stratégies de mobilisation pour une cause ou contre une entreprise

Crises d'image

Les crises liées à l'image de l'entreprise sont générées par des individus ou des mouvements activistes qui cherchent à mobiliser l'opinion sur une problématique qui leur semble importante. Par exemple, Greenpeace sur les problématiques environnementales, Transparency International sur la corruption, 50 millions de consommateurs sur la défense des droits des consommateurs…

Selon les cas, la stratégie de mobilisation peut prendre différentes formes.

- **La dramatisation (cela nous concerne tous !)**

Très souvent adoptée, cette approche a pour objectif de démontrer l'aspect « urgent » et « grave » de la situation. Des campagnes de mobilisation récentes illustrent bien cette notion « d'urgence » dans leur intitulé : « France : sauvons internet » (pétition contre un projet de décret de réglementation d'internet en France sur Avaaz.com), « Algues vertes : finies les vacances » (campagne de France Nature environnement contre les rejets d'élevages)...

- **L'humour**

Pour des sujets moins dramatiques, l'humour reste également un excellent moyen de « viralisation » de l'information. Cette stratégie est utilisée par les « anti-Hadopi » qui détournent régulièrement les campagnes de publicité ou les interventions de l'Hadopi et font circuler leurs créations sur internet.

- **L'indignation (cela pourrait aussi vous arriver !)**

Enfin, il y a la dénonciation d'actes perçus comme outrageants, scandaleux. Il s'agit souvent de stigmatiser le comportement d'une marque vis-à-vis de ses consommateurs (à travers un exemple vécu) ou le non-respect d'une « éthique » ou d'un sens commun perçus comme « évidents ». Cette dernière stratégie fonctionne essentiellement au sein de réseaux structurés et homogènes partageants les mêmes « valeurs », comme par exemple les associations contre l'expérimentation animale. L'objectif étant alors de faire propager l'indignation à des cercles de plus en plus larges.

Les crises liées à un problème industriel

Dans ce cas, l'opinion est alertée soit par les médias qui se font l'écho du sujet, soit par des « victimes » qui d'elles-mêmes ou *via* des associations cherchent à faire connaître leur cause.

Un jeu « gagnant – gagnant », très dangereux pour les entreprises, peut alors s'instaurer entre les médias – très friands d'émotions – et des « victimes » qui profitent de cette attention soudaine pour mettre en avant leurs revendications.

> **Exemple**
>
> **Le « tipping point » : quand l'opinion bascule**
>
> De nombreuses recherches sur les phénomènes d'opinion sont en cours. Certains scientifiques s'intéressent en particulier à la modélisation des basculements de

l'opinion. Il s'agit d'évaluer le nombre de personnes nécessaires, en pourcentage d'un groupe, pour transformer une opinion minoritaire en opinion majoritaire. Pour cela, les chercheurs[1] ont divisé la population en deux typologies : les « prosélytes » qui sont perpétuellement actifs dans la promotion de leur opinion et ne peuvent changer d'avis ; et le reste du groupe qui peut changer d'opinion en fonction de ses contacts.

Les modélisations ont alors démontré qu'il suffisait qu'il y ait 10 % de « prosélytes » pour que l'opinion du groupe bascule rapidement et adhère à la cause.

Ces recherches permettent de décrypter un peu mieux les phénomènes de basculement de l'opinion sur des sujets « sensibles » ou lors de périodes de troubles politiques.

Les médias : le lien « réel »/« virtuel »

Même si internet joue un rôle croissant, grâce à sa capacité à créer un lien direct entre l'opinion et celui qui s'exprime (l'entreprise, les « victimes », l'activiste, les ONG...), les médias restent toujours un élément moteur de la crise. En effet, ce sont eux qui, par leur mobilisation ou non, influeront sur son développement et les cours des évènements.

Avis d'expert
Yann Gourvennec, web digital and social media director, Orange

Trop souvent, il y a confusion entre audience et influence. Il est difficile d'évaluer objectivement l'impact de la reprise d'un tweet négatif sur une marque même s'il est repris un grand nombre de fois ; l'influence est un mix entre le statut, l'audience et la crédibilité. En transposant dans un domaine connu de tous, un parallèle possible est celui de la comparaison entre *Le Monde*, à moindre tirage mais à l'influence économique et politique avérée, et *Ouest France*, dont le tirage est plus de deux fois supérieur, mais dont le rayonnement reste essentiellement régional. Dans la presse traditionnelle, ce n'est pas le seul tirage qui joue sur les tendances et sur les opinions. De même sur internet, ce n'est pas seulement le nombre de visites qui va influer, mais le statut personnel de l'auteur et sa crédibilité. Il ne faut donc pas être crispé sur des mesures, par ailleurs utiles, comme l'indice Klout, qui donnent une indication parfois fausse de l'influence.

Mon attention est moins portée sur les chiffres bruts de l'influence – nombre de vues, nombre de fans, nombre de reprises... – que par la probabilité que l'information sensible soit traitée ou non par des relais crédibles, et notamment les

---

1 E. J. Xie, S. Sreenivasan, G. Korniss, W. Zhang, C. Lim, and B. K. Szymanski, « Social consensus through the influence of committed minorities », *Physical Review*, juillet 2011.

7. Communiquer efficacement en situation de crise

>> allers-retours avec la presse traditionnelle qui reste, malgré les analyses souvent entendues, un pôle d'influence majeur. Ainsi, il peut arriver qu'une information qui semble peu « importante » ou peu reprise, un signal faible, capte soudain l'attention d'un journaliste, soit parce qu'elle est décalée, soit parce que cela s'avère être un scoop. *Vice versa*, si l'information, le même signal faible, est repéré par un web acteur, il y a aussi risque d'amplification, c'est ce qu'on appelle le « buzz ». Il s'agit du même mécanisme, mais inversé. C'est pour cela que mon équipe et moi-même passons beaucoup de temps sur ces signaux faibles, qui sont souvent les prémices des crises de demain. L'expertise et la plus-value d'un community manager et d'une équipe web et médias sociaux consiste justement à savoir identifier ces tendances faibles, à les analyser, les décrypter et sensibiliser les managers de l'entreprise sur leur importance.

La mobilisation des médias

La mobilisation des médias est l'un des principaux objectifs de ceux qui souhaitent obtenir l'appui de l'opinion sur un sujet donné.

L'utilisation des réseaux sociaux et d'internet pendant la phase initiale de la crise joue alors un rôle essentiel pour atteindre cet objectif. Il s'agit d'attirer les médias en démontrant, chiffres à l'appui (nombre de fans, nombre de « vues », nombre de followers…) que la problématique concerne énormément de personnes.

Avis d'expert

Stanislas Magniant, directeur, Publicis Consultants Net Intelligenz

Contrairement à ce que l'on pourrait croire, la mobilisation des internautes et des médias sur une cause n'est pas si simple. Les internautes, sollicités en permanence, sont de plus en plus blasés. Il devient extrêmement difficile d'atteindre le « seuil de viralisation », qui va permettre l'apparition d'un phénomène de tâche d'huile et le ralliement d'un nombre grandissant de personnes à la « cause ». D'ailleurs, depuis quelques temps on assiste à une véritable professionnalisation de l'activisme sur le web. Certaines campagnes récentes de mobilisation des internautes – je pense notamment à celles d'associations telles que Greenpeace, ou Avaaz – sont menées avec une réelle expertise et ont dû nécessiter beaucoup de temps pour être conçues et lancées.

Faire durer le sujet

Une fois captée l'attention des médias, la mécanique de mobilisation s'enclenche : les articles publiés génèrent encore plus de flux sur les réseaux sociaux, qui eux-mêmes attirent l'attention des médias, etc.

Cet échange permanent entre les deux mondes peut même aboutir à ce que l'évènement médiatique devienne le sujet ; on ne parle plus de la problématique mais de ceux qui en parlent : les réseaux sociaux se mettent à citer les articles de presse et des extraits d'émissions télé apparaissent sur YouTube ; à l'inverse les médias se mettent à parler du phénomène « internet » autour de cette problématique. C'est une parfaite réaction en chaîne.

L'autre moyen de faire durer le sujet est d'entretenir un suspens permanent *via* « des révélations » qui font l'actualité et attirent de façon récurrente l'attention des médias.

Le web : média de flux, média de stock ?

Une des catégorisations des médias repose sur les notions de « flux » et de « stock ». Les médias de flux traditionnels sont la radio et la télévision (il n'y a pas d'archives, on ne peut revenir en arrière). À l'inverse les médias papier sont perçus comme des médias de « stock » (facilement archivables).

Cependant, cette classification s'avère nettement moins évidente, notamment depuis l'apparition des podcasts, de la télévision de rattrapage ou de sites tels que YouTube et Dailymotion.

Fondamentalement, le web est hybride. D'un côté les Twitter, Facebook, LinkedIn... avec leurs systèmes de « murs » ou de « timeline » rendent l'information extrêmement éphémère et donc s'approchent du concept de « flux ».

De l'autre des moteurs de recherche de plus en plus évolués retrouvent quasiment tout ce qui a été écrit. Des sites tels que « Internet Archive[1] » permettent même de surfer sur les pages d'un site telles qu'elles étaient en 1996 !

---

1 www.archive.org

7. Communiquer efficacement en situation de crise

Cette trace permanente de l'écrit, est d'ailleurs aujourd'hui de plus en plus contestée (on parle de droit à l'oubli[1]).

L'efficacité de la communication de crise sur les réseaux sociaux consiste donc à prendre en compte ces différentes stratégies de mobilisation de l'opinion pour pouvoir y répondre efficacement afin d'éviter que la crise ne se développe de façon incontrôlée.

L'essentiel

▶▶ **Une organisation efficace** de la communication de crise c'est avant tout un processus d'alerte fiable et une circulation de l'information permanente.

▶▶ **Pour être pertinente** la communication de crise doit respecter les temps de l'opinion : émotion, explication, réparation.

▶▶ **Toujours rester crédible** : ne jamais mentir et dire ce que l'on sait… ou ne sait pas.

▶▶ **Les médias** « traditionnels » restent l'un des éléments moteurs de la crise ; leur impact sur l'opinion est toujours majeur, même lors de crises sur internet.

---

[1] Une charte « Droit à l'oubli dans les sites collaboratifs et les moteurs de recherche » a été proposée le 13 octobre 2010 par Nathalie Kosciusko-Morizet alors secrétaire d'État à l'Économie Numérique. Cette charte non contraignante n'a pas été signée par Google ni par Facebook.

Chapitre 8

Propagation et typologie des crises

Executive summary

- **En période de crise**, la population des médias sociaux peut être divisée en trois grandes catégories : les initiateurs, les amplificateurs et les commentateurs. Chacune d'entre elles participe au développement de la crise.

- **Le rôle des médias sociaux** varie selon les types de crises. Dans le cadre de crises industrielles, le web collaboratif est avant tout un lieu d'expression des émotions et de partage de l'information.

- **Avec l'émergence de médias sociaux** se multiplient les crises d'image initiées par des internautes, des communautés ou des associations. Beaucoup plus difficiles à prévoir et anticiper, elles n'en sont pas moins très violentes.

8. Propagation et typologie des crises

Les acteurs de la propagation de la crise

Entre l'apparition d'un sujet sensible sur internet et sa transformation en crise, il y a une série d'étapes qui, au fur et à mesure, mobilisent un nombre grandissant d'internautes. Si les crises peuvent varier profondément quant à leurs thèmes et leur rapidité d'évolution, cette dynamique de développement reste très similaire.

Les initiateurs de la crise sur internet

Les initiateurs de crises, ceux qui sont à l'origine du phénomène sur les médias sociaux, peuvent être divisés en 4 grandes catégories selon leur organisation et l'origine de leur combat.

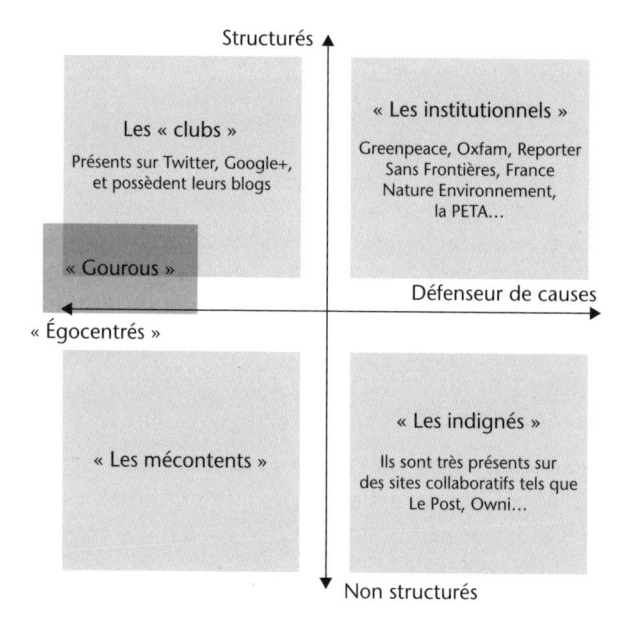

	Structurés	
Les « clubs » Présents sur Twitter, Google+, et possèdent leurs blogs		« Les institutionnels » Greenpeace, Oxfam, Reporter Sans Frontières, France Nature Environnement, la PETA…
« Gourous »		
« Égocentrés »		Défenseur de causes
« Les mécontents »		« Les indignés » Ils sont très présents sur des sites collaboratifs tels que Le Post, Owni…
	Non structurés	

Figure 8.1 – **Les typologies d'activistes sur le web**

Les institutionnels (structurés/défenseurs de causes)

Ces acteurs ont adopté pour la plupart un mode de fonctionnement proche de celui des entreprises « traditionnelles » : organisation par services, définition d'objectifs précis, rapports d'activités annuels…

Leur organisation professionnelle et leur grande expertise en communication, et en community management, leur permet de lancer des campagnes particulièrement efficaces, y compris dans le monde entier (comme Greenpeace).

Aujourd'hui, nombre de ces « institutionnels » sont perçus comme des sources fiables d'information par les médias et comme des interlocuteurs crédibles par les pouvoirs publics.

Cette structuration fait également leur faiblesse : leurs coûts de fonctionnement et leur nécessaire efficacité (c'est cela qui fait leur légitimité) leur imposent de sélectionner avec attention leurs causes et de choisir plutôt celles susceptibles d'interpeller l'opinion.

Avis d'expert

Clémence Lerondeau, journaliste web, Greenpeace France

L'une des stratégies de Greenpeace pour lancer une campagne sur le Net consiste à détourner les codes des entreprises de façon soit plutôt dramatique soit humoristique. Par exemple, pour Nestlé et la campagne contre l'huile de palme, nous avions choisi un axe plutôt « dramatique » : le sang qui s'écoule de la bouche du consommateur de KitKat. Pour la campagne contre l'utilisation de carton en provenance de forêts primaires, notre choix a été de détourner de façon humoristique l'annonce faite par Mattel sur la nouvelle romance entre Barbie et Ken. L'humour a également été le ressort retenu pour le détournement de la campagne Volkswagen.
Certaines de ces opérations nous valent des mises en demeure pour non-respect de la propriété industrielle (ou de mise à mal de l'image ou de la réputation de la marque) par certaines entreprises qui n'ont rien compris aux phénomènes des réseaux sociaux. Évidemment, nous nous empressons alors de faire connaître cette réaction, ce qui généralement donne une visibilité encore plus grande à la campagne. En effet, le problème ne devient plus seulement environnemental, mais philosophique, ces actions étant perçues comme une menace à la liberté d'expression.

Les indignés (défenseurs de causes/non structurés)

Ce sont plutôt des individus ou des petits groupes qui se sont appropriés des causes pour lesquels ils combattent : libertés individuelles, défense de la liberté sur internet, lutte contre l'oppression, défense de l'environnement... mais sur des angles spécifiques. Par exemple, un « internet libre » *via* la lutte contre la mise en place de la Hadopi.

Pour la grande majorité il s'agit de « passionnés », qui agissent soit seuls soit avec un petit réseau de personnes également très impliquées dans ce combat. Devenus experts dans leur domaine, ces « indignés » sont souvent suivis de près par des journalistes qui s'intéressent au sujet.

Leur mode d'action peut s'avérer assez agressif, voire aux limites de la légalité. Une frange extrême de ces « indignés » n'hésite pas à verser dans l'illégalité totale comme par exemple des réseaux/organisations tels que les « anonymous », lulz, etc.

On les retrouve souvent sur des espaces collaboratifs : Le Post.fr, Owni, reflets.info, AgoraVox…

> **Exemple**
>
> **La crédibilité est ailleurs**
>
> Lorsque les rebelles entrent dans le QG de Kadhafi à Tripoli, ils découvrent des systèmes d'écoute de l'internet, et des moyens de communication en général, très sophistiqués. La plupart d'entre eux ont été développés par une société française. Cette information dévoilée par le Wall Street Journal le 30 août, sera reprise de nombreuses fois dans la presse française et internationale. Or, les premiers à avoir révélé l'information sont les sites Owni.fr puis *Mediapart* qui, dès juin 2011, avaient évoqué l'implication de cette société française auprès des services de renseignement de Kadhafi.
>
> Cela avait été découvert par des « passionnés », spécialistes de ces sujets liés au filtrage du net.

Les mécontents (« égocentrés »/non structurés)

Là, il ne s'agit plus de défendre une « cause » mais plutôt de faire part d'un problème rencontré avec une entreprise ou ses produits. Ici le concept « égocentré » n'est pas porteur de valeur, mais vient plutôt souligner qu'il s'agit non plus de « grandes causes » mais de problèmes vécus par des individus ou des groupes dans leur relation avec une marque ou une entreprise.

Au départ, cela vient souvent d'une insatisfaction née d'un manque de prise en compte d'un problème parfois mineur : c'est le client qui a été déçu par le produit ou le service, qui s'est adressé à l'entreprise qui soit l'a ignoré, soit lui a donné une fin de non-recevoir.

Les entreprises ainsi mises en cause sont souvent de grands groupes hyper structurés qui ont du mal à gérer des plaintes clients en dehors des schémas traditionnels. Or, ces clients mécontents, avec l'utilisation des réseaux sociaux, peuvent très vite donner une visibilité très importante à leur problème et générer beaucoup de bruit négatif sur la marque.

> **Exemple**
>
> Des blogs tels que Train-Train quotidien de Xavier Moisant (voir p. 18) ou Dell Hell (voir p. 137) sont les résultantes directes de ces mécontentements. De nombreux internautes essaient ainsi de rallier la communauté à leur cause, ne serait-ce qu'en essayant de créer un espace commun où se cristalliserait les oppositions.

Les « clubs » (« égocentrés »/structurés)

Il s'agit des communautés structurées autour d'un sujet spécifique lié avant tout à une expertise partagée.

Mais à la différence des institutionnels, ce groupe ne cherche pas à défendre une « cause » mais plutôt à faire part d'un problème commun, ou d'un sujet de préoccupation qui les concerne directement tant au niveau personnel que professionnel (ils se positionnement alors comme expert du sujet ou « défenseurs de valeurs »)

Ils forment de fait des communautés qui peuvent être très virulentes contre une marque ou une entreprise pour peu que ses produits ou son comportement soit considéré comme inapproprié.

Les « gourous »

Ce terme un peu exagéré désigne les internautes qui arrivent, par leur expertise sur un sujet et leur maîtrise des réseaux sociaux, à fédérer autour d'eux une communauté. Ils se trouvent quelque part à mi-chemin entre les « mécontents » et les « clubs ».

Parmi ces « gourous », se trouvent notamment les blogueurs et twittos « stars ». Dans leur domaine ce sont de véritables références, sortes de « gardiens du temple » sur des sujets liés au web collaboratif et à son fonctionnement.

Certains n'hésitent pas à vouer une entreprise aux gémonies pour avoir ignoré telle règle « élémentaire » de la Net-étiquette.

La course à la reconnaissance de l'expertise par la communauté la plus importante possible (qui se mesure entre autres par le nombre de followers sur Twitter) ou le score obtenu sur Klout, site d'évaluation de la notoriété, peut amener quelques « gourous » vers des positions de plus en plus extrêmes – où l'important n'est plus que d'être à l'origine du « bad buzz » qui fera bruisser le web social dans les heures/jours qui viennent.

8. Propagation et typologie des crises

> **Exemple**
>
> L'échec rapide de la campagne Veet « Mon minou tout doux » (voir p. 76) peut être attribué à la mobilisation sur le sujet de quelques-uns de ces « gourous ». Quelques internautes à la tête de réseaux très larges ont dès le départ souligné le caractère ambigu de cette publicité, souvent sur un ton humoristique. La reprise de leurs commentaires par leurs communautés a fait le reste et, en quelques heures, le web collaboratif s'était enflammé sur le sujet, aboutissant au retrait de la campagne dans les jours qui ont suivi.

Plus gênant, mais de plus en plus fréquent, il peut arriver que des internautes disposant ainsi d'une certaine audience n'hésitent pas à faire du chantage auprès des entreprises : soit l'entreprise leur offre un produit/des services, soit ils lancent une campagne de dénigrement.

> **Avis d'expert**
>
> **Frédéric Klotz, directeur qualité, rueducommerce.com, en charge de la qualité de service**
>
> Dès l'apparition des premiers blogs et de la capacité offerte par internet à devenir « visible », on a assisté à l'apparition de « maîtres chanteurs » amateurs qui menaçaient de dire du mal de l'entreprise ou de son service si on ne leur offrait pas tel ou tel avantage. Mais, ce qui est marquant c'est l'accentuation de cette tendance avec l'apparition des réseaux sociaux, certains internautes jouant sur le fait qu'ils peuvent théoriquement bénéficier d'une forte audience de façon instantanée.
> Ce type de comportement est souvent le fait de clients plutôt jeunes, et finalement assez peu influents en dehors de leur cercle de connaissances.
> Lorsque nous sommes confrontés à cela notre réaction est de prendre immédiatement contact avec l'auteur et de lui répondre de façon factuelle en lui expliquant pourquoi RueDuCommerce ne peut faire tel ou tel passe-droit ou réduction. Dans la grande majorité des cas, cela suffit car cette approche de chantage est avant tout l'expression d'un besoin de reconnaissance. Or, rien que le fait de s'adresser directement à l'auteur cela répond à ce besoin de prise en considération et calme la situation.

Quelle que soient leurs motivations et leurs profils, néanmoins ces initiateurs ont un même but : se faire connaître et reconnaître. Leur objectif est bien que leur sujet de préoccupation se développe sur le web pour rassembler le plus d'alliés possibles. En effet, au final, c'est le nombre qui comptera et qui, éventuellement, attirera les médias « traditionnels » sur le sujet.

Les amplificateurs

Ce sont ceux qui transforment le sujet sensible en crise. Se sentant concernés, ils vont alerter leur réseau et tenter de le mobiliser autour de la « cause ». Pour y réussir, ils emploient eux aussi les deux ressorts les plus efficaces de la propagation d'informations sur internet : l'humour et l'indignation (avec une notion d'urgence, la plupart du temps).

Une fois que l'information entre dans ce circuit d'amplification, c'est l'emballement et il devient alors extrêmement difficile d'arrêter le développement de la crise. En effet, sur le web, plus l'information circule plus elle gagne en crédibilité !

Les réseaux sociaux ont largement démultiplié cette capacité d'amplification. Alors qu'autrefois il s'agissait essentiellement de mails envoyés aux « connaissances », maintenant la publication de l'information sur sa page Facebook permet instantanément sa reprise par plus de 100 personnes.

Exemple

Dans le domaine « dramatique », le web s'est enflammé en mars 2011 au sujet de l'entrée en vigueur d'une directive européenne qui devait aboutir à l'interdiction de la vente de plantes médicinales et de préparation à base de plantes dans l'Union Européenne. Les messages qui circulaient contenaient à la fois la notion d'urgence (le 1er avril la directive allait être appliquée) et l'aspect dramatique (restriction de la liberté de choix dans le domaine de la santé ; attaque des droits fondamentaux) ; sans compter, au passage, quelques éléments de dénigrements de l'industrie pharmaceutique (les « multinationales » du médicament étaient « évidemment » à l'origine de cette directive…)

La propagation rapide de l'information ne sera stoppée que par la multiplication d'articles – provenant même de sites de « défenseurs » des médecines naturelles – faisant acte de pédagogie pour expliquer que les amateurs de verveine pourront toujours prendre leur tisane du soir, et insistant sur les multiples erreurs d'interprétation à l'origine du développement de cette rumeur.

Les commentateurs

Les commentateurs cherchent à décrypter et analyser la situation au regard de leur connaissance ou de leur expérience. Ils ne font pas que transmettre l'information – comme les amplificateurs – mais l'enrichissent et l'analysent.

Ce peut être sur le fond : comment cela a-t-il pu arriver ? Qu'est-ce que cela signifie ? Quelles en sont les conséquences ? Ou sur la forme, c'est-à-dire sur le déroulement de la crise elle-même : l'entreprise la gère-t-elle bien ? Comment l'information a circulé sur les réseaux ?....

Les commentateurs sont souvent des « experts » qui souhaitent partager leur point de vue auprès de leur communauté. Ils sont naturellement très présents sur Twitter, ce réseau se prêtant parfaitement bien à la valorisation et à la diffusion auprès des internautes de ces analyses.

Exemple

> Le 15 septembre 2011, un des experts de la communication de crise, Thierry Libaert, publie sur le site de Slate un article intitulé « DSK : petit précis de communication de crise » et le met en valeur sur son fil Twitter (@ThierryIt). Le lien est repris rapidement par Didier Heiderich, autre expert de ce domaine de la communication de crise (@HeiderichPro). Même si ces deux internautes n'ont *a priori* qu'un nombre assez faible de followers (près de 350 pour l'un, un peu plus de 500 pour l'autre), leur influence n'en est pas moins importante : en effet, leur fil Twitter est suivi par un grand nombre de journalistes et d'internautes eux-mêmes au centre de communautés importantes.

L'activité des commentateurs, même si elle ne nuit pas à l'entreprise, participe cependant à la propagation de la crise. Ils produisent un « bruit » ambiant qui entretient la visibilité du sujet à l'origine du problème, voire relance la crise en ouvrant d'autres thèmes de conversation.

Les crises « industrielles » ou crises endogènes

C'est le cas le plus fréquemment rencontré : une crise se déclenche, suite à un évènement au sein de l'entreprise, et se développe sur le web collaboratif et les réseaux sociaux. Même si les médias traditionnels restent dans ce cas l'élément clé de la communication, l'implication de l'internet social n'est pas neutre.

Ces crises « endogènes », c'est-à-dire générées par un fait issu de l'action de l'entreprise (accident, problèmes sociaux, soucis de qualité du produit fini…), sont souvent brutales, inattendues et très visibles.

> **Exemples**
>
> **BP deepwater Horizon**
>
> Le 20 avril 2010, la plateforme pétrolière de BP, Deepwater horizon, explosait dans le Golfe du Mexique (dans les eaux territoriales américaines), tuant 11 personnes sur les 115 qui s'y trouvaient. L'incendie puis la fuite causés par cet accident générèrent l'une des plus importantes marées noires de l'histoire avec une estimation de 4.9 millions de barils de pétrole répandus, soit environ 645 000 tonnes.
>
> Après de nombreuses tentatives pour arrêter la fuite de pétrole située à plus de 1 200 m de profondeur, ce n'est que le 19 septembre que le puits sera déclaré officiellement bouché.
>
> Dès le début, BP mettra en place une structure renforcée de communication de crise que ce soit vers les médias ou vers la communauté internet. Pour le monde « virtuel », pas moins de 57 personnes seront mobilisées pour assurer une présence permanente (24 h/24 h et 7 J/7 J réellement). Leur rôle sera tout d'abord de produire de l'information, c'est-à-dire de créer du contenu (textes, films, présentations…) pour alimenter les différents canaux de communications mis en place (Twitter, Facebook, YouTube, le site web…). Mais il s'agira également de converser avec les internautes, de modérer les interventions non pertinentes, et surtout de veiller afin d'identifier les sujets de préoccupations apparaissant sur le web.
>
> **Quick, le drame d'Avignon**
>
> Dans la nuit du 22 au 23 janvier 2010, un adolescent ayant dîné dans un restaurant Quick à Avignon décède d'un double œdème pulmonaire et cérébral. Selon l'enquête effectuée, le drame serait dû à une « toxi-infection alimentaire » liée à l'absorption d'un repas.

8. Propagation et typologie des crises

La réaction de Quick sera très rapide avec la fermeture immédiate du restaurant incriminé et la mise en place d'un numéro vert ouvert au public afin de répondre aux questions des consommateurs.

Pour la communication autour de cette crise, Quick va utiliser énormément internet et en particulier Facebook. La stratégie retenue sera de donner un même niveau d'information à la presse – via des communiqués ou des conférences de presse – et aux internautes via Facebook.

Le choix de ce réseau social comme « point focal de la communication » est parti du constat que cet espace rassemblait clients et employés, pour la grande majorité de la génération Y (15 – 34 ans).

Cette crise amènera le groupe Quick à renforcer les contrôles qualité interne, à développer les formations des employés et à revoir de fond en comble sa stratégie de communication avec la mise en avant des « engagements Quick ».

Les particularités des crises « industrielles » ou endogènes

Des crises brutales et médiatisées

Ces crises se déclenchent de façon inattendue et brutale (même si elles ne sont pas pour autant imprévues, voir p. 132) avec une gravité variable pouvant aller jusqu'à créer des situations dramatiques. Qu'elles soient liées à la production (accident, incendie, pollution…), à des problèmes de qualité du produit (produit défectueux, intoxication alimentaire…), aux ressources humaines (grèves, suicides, harcèlement…), etc. elles ont pour caractéristiques d'impliquer plusieurs tierces parties, que ce soit des victimes réelles ou potentielles, des riverains, des salariés, les pouvoirs publics…

En plus de gérer la crise, l'entreprise doit également répondre aux sollicitations de l'ensemble des acteurs concernés, ce qui complexifie d'autant la communication.

Le rôle important des médias traditionnels

Parmi les acteurs à prendre en compte, il y a bien entendu les médias qui, par la visibilité soudaine qu'ils confèrent à la crise, sont eux-mêmes sources potentielles d'aggravation de la crise. Les équipes de communication devront être très rapidement mobilisées non seulement pour répondre à leurs sollicitations, mais d'une façon générale s'adresser à la multiplicité des interlocuteurs ; tout cela dans un contexte d'enjeux importants.

Le rôle des médias sociaux

L'émotion, moteur des médias sociaux

L'aspect émotionnel est probablement l'une des caractéristiques majeures des médias sociaux.

Lors d'une crise, cela se traduit par des propos qui peuvent être assez violents sur le « mur » de la page Facebook de la marque ou dans les commentaires de blogs qui évoquent l'affaire. Et, s'il y a des photos ou des films de l'évènement, il faut s'attendre à ce qu'ils soient publiés dans les minutes qui suivent sur des sites de partage (YouTube, Flickr...).

> **Exemple**
>
> **Quand YouTube fait l'actualité**
>
> Il est de moins en moins rare de voir les médias traditionnels citer les médias sociaux. Par exemple, le 24 janvier 2011, une femme kamikaze se fait sauter dans le hall des arrivées internationales de l'aéroport de Domodedovo, près de Moscou. Les télévisions, et particulièrement les chaînes d'information en continu comme CNN, n'hésitent pas à diffuser des images provenant de YouTube, en indiquant à l'écran « *From YouTube.com* ».
>
> Certains médias se sont mis à cette vague « collaborative ». Des quotidiens tels que *Le Parisien* ou *Libération*, proposent sur leurs applications iPhone un espace où les internautes peuvent envoyer des photos ou des films d'évènements dont ils seraient témoins.

Les experts : décrypter, comprendre

La deuxième phase de la crise, celle de « l'explication » mobilise également les internautes. Le phénomène des réseaux sociaux permet à chacun d'avoir accès directement ou indirectement à un « expert » du sujet qui donnera son avis sur la crise. Cette potentielle « bataille d'experts », pour peu que ces derniers ne soient pas d'accord entre eux, risque fort d'entretenir la visibilité de la crise.

La difficulté pour l'entreprise est alors d'évaluer cette expertise qui se manifeste spontanément. S'agit-il de personnes qui se sont auto-proclamées spécialistes du sujet, de réels experts, de manipulateurs... ? Pas simple de s'y retrouver. Il peut aussi arriver que certains internautes s'affichant comme connaisseurs du sujet, voire de l'entreprise, soient tout simplement des employés qui souhaitent faire part à la communauté de leurs lumières.

Les interventions de ces experts, ne sont pas forcément à charge, au contraire. Sauf si la crise est sociale, il arrive même fréquemment que les employés défendent leur entreprise et n'hésitent pas à intervenir sur des espaces publics de discussion pour corriger des propos inexacts.

> **Exemple**
>
> **Quick : le soutien de l'expertise interne**
>
> L'étude du « mur » de la page Facebook de Quick[1], notamment lors du drame d'Avignon, permet de percevoir à quel point l'attachement des salariés à la marque est important.
>
> Sur les 170 commentaires il y en a une quantité non négligeable qui provient de salariés qui défendent l'entreprise en rappelant les procédures rigoureuses, le sérieux du directeur de l'établissement, la qualité des ingrédients…
>
> « Je travaille à Quick ça fait 10 ans et c'est la première fois que j'entends un truc comme ça », « Je peux assurer que là où je travaille c'est nickel, il n'y a rien à dire »… Au final il n'y a que peu de commentaires véritablement à charge (sachant cependant que les équipes de Quick ont probablement enlevé les commentaires négatifs les plus infondés) et même, certains consommateurs défendent la marque.
>
> Cette expression de commentaires positifs, malgré l'aspect dramatique de l'accident, provient également de la proximité de ceux qui témoignent (les internautes) avec la marque. Les internautes qui s'expriment sont tous probablement déjà allés dans un restaurant Quick et n'ont pas été malades. Ils savent de quoi ils parlent.

Bien entendu, le cas des crises sociales est différent. Dans ce cas, l'expression de salariés sur des réseaux sociaux risque d'être plutôt à charge, avec la multiplication de témoignages renforçant la position syndicale.

De même, plus le sujet est complexe et/ou sensible plus il y a de risques de prises de parole incontrôlées avec l'intervention d'experts « auto-proclamées », d'adeptes de la théorie du complot, de manipulateurs et de « trolls[2] ».

Les communautés : entretenir et faire rebondir le sujet

Le web collaboratif exacerbe également le comportement de l'entreprise considérée comme responsable de la crise et qui se trouve soudain

---

[1] www.facebook.com/Quick (septembre 2011).
[2] Voir définition p. 15.

sous l'attention de milliers de personnes. Chacune de ses décisions est immédiatement scrutée et commentée par les communautés qui se sont emparées du sujet.

Cette circulation de l'information sur les réseaux sociaux accroît encore le risque de rebond, c'est-à-dire de développement de sujets connexes non directement liés à la crise en cours mais susceptibles de nuire à l'image de la marque. Sans compter les possibles références à des crises passées auxquelles l'entreprise a dû faire face et qui sont reliées de façon plus ou moins artificielle à la crise en cours.

Avis d'expert

François Pinochet, PDG, Cabinet BWI

On parle souvent du point « G » à propos des réseaux sociaux, de quoi s'agit-il ?

Ce concept du point « G » provient de la loi de Godwin ou « point Godwin ». Ce principe, énoncé en 1990 précise que « plus une discussion dure longtemps, plus la probabilité d'y trouver une comparaison impliquant les nazis ou Hitler s'approche de 1 ». Dans un débat, atteindre le point Godwin signifie que la conversation dérive de telle sorte qu'elle n'apporte plus rien au débat.

Vous avez récemment lancé l'idée d'un point « B » ?

Le point « B », comme BWI, s'appuie sur le ratio du nombre de conversations citant une marque dont le sujet n'a aucun rapport avec celle-ci, rapporté au nombre total de conversations citant la marque. Contrairement au point G qui marque le seuil d'indigence d'une conversation, le point B est un indice qui montre dans quelle proportion une marque devient un référent universel positif ou négatif.
Le point B révèle une position d'image particulièrement ancrée dans l'inconscient collectif puisque la marque sert de référence dans toutes sortes de conversations dont le lien avec la marque n'est pas établi. L'effet pervers du point B est qu'il contribue à faire tâche d'huile ; la marque se trouve citée dans des espaces où l'on ne parle habituellement pas d'elle sans être accompagnée d'élément de contenu. Elle peut alors être associée à toute sorte d'images qui lui échappent. Par exemple, il y a l'expression désormais populaire « le deuxième effet Kiss Cool ». Même si cela ne nuit pas à la marque objectivement, l'association de cette expression à des évènements négatifs peut amener à modifier l'image du produit dans l'inconscient collectif. La marque Karcher est elle aussi régulièrement citée dans des débats politiques où idéologiques où elle n'a pas lieu d'être. On peut se réjouir dans un premier temps du gain de notoriété mais cela peut contrarier la construction d'un contenu d'image.

Les crises « internet » ou crises exogènes

Encore inconnues il y a seulement quelques années, les crises déclenchées sur les réseaux sociaux se multiplient depuis quelques mois. Tout d'abord, les mouvements activistes et les ONG ont rapidement compris toute la force qu'ils pouvaient retirer de ces nouveaux moyens de communication. Puis, les internautes eux-mêmes : pour défendre une cause, pour donner son avis, ou tout simplement pour le plaisir de devenir « influent », certains se sont mis à tenter de rallier autour d'eux des communautés.

Ces crises « exogènes », car générées la plupart du temps par des éléments extérieurs à l'entreprise, sont difficiles à appréhender car peu visibles au départ, parfois longue à émerger et surtout très inattendues. Portant essentiellement sur l'image, elles s'avèrent destructrices de la réputation de l'entreprise.

> **Exemple**
>
> **Avaaz et le Grand Prix de Bahreïn**
>
> Face aux évènements et à la contestation montante à Bahreïn en février et mars 2011, la Fédération Internationale Automobile (FIA) dirigée par Bernie Ecclestone avait décidé de reporter le Grand prix de Bahreïn, initialement prévu au printemps, au 30 octobre de la même année.
>
> Quelques mois plus tard, le 4 juin se tenait alors une réunion décisive au sein de la puissante fédération pour déterminer de façon définitive le maintien ou non de cette course. Afin d'influer la décision de la FIA, le site Avaaz lança dans les deux jours qui précédaient une pétition intitulée « Message à Red Bull et aux autres écuries de F1 : nous vous appelons à déclarer publiquement que vous n'allez pas participer au Grand Prix de Bahreïn cette année, étant donné que le gouvernement a tué et blessé des centaines de personnes innocentes qui se soulèvent pour leurs droits. Votre réputation, et la Formule 1, en pâtiront si vous soutenez ce régime meurtrier ». La pétition reçut plus de 500 000 signatures en 48 heures et plus de 20 000 messages furent laissés sur les pages Facebook et Twitter des équipes de F1. Malgré cela, la FIA décidait de maintenir la course.
>
> Le site Avaaz mena alors une campagne médiatique intense et la pétition fut mentionnée dans plusieurs médias clés tels que le *New-York Times*, *Le Monde*, l'AFP, la BBC, CNN...
>
> Pour ajouter à cela, la FIA publiait le 7 juin un rapport réalisé par le vice-président de la FIA – Carlos Garcia – qui, après avoir passé quelques jours à Bahreïn invité par le gouvernement, concluait en soulignant le calme et la stabilité du pays. Une vision assez étonnante, selon Avaaz, alors que parallèlement l'association

Human Right Watch faisait part d'arrestations arbitraires de grandes ampleurs et d'atteintes répétées aux droits de l'homme.

Finalement, ce sont les écuries elles-mêmes qui se positionnèrent contre ce grand prix. Certains pilotes, dont le fameux Damon Hill, sollicité par Avaaz, en viennent même à exprimer publiquement leur opposition. Face à ces réactions, la FIA dut faire marche arrière et annonça le 8 juin l'annulation de ce Grand Prix.

La campagne Detox de Greenpeace

En juillet 2011, Greenpeace Chine lance une campagne pour dénoncer la pollution générée par les usines textiles géantes qui fournissent, entre autres, les plus grandes marques de sport de la planète. Pour cela, l'ONG va lancer sa campagne « Detox » avec pour cibles principales Nike et Adidas. Le schéma d'action de la campagne sera le même que pour les campagnes précédentes :
- création d'un site intitulé « Detox Now » qui est immédiatement traduit et mis en ligne sur les sites nationaux de l'ONG (13 juillet) ;
- mise à la disposition des internautes de « kits de campagne » avec le logo ;
- création de comptes Twitter ;

Le tout étant complété par des actions menées devant des magasins de sport.

La première marque à annoncer qu'elle s'engage à produire des vêtements de sport sans générer de rejets de polluants d'ici 2020 est Puma (le 26 juillet) alors qu'elle n'était pas directement visée par la campagne. Puis le 19 août, c'est au tour de Nike et le 31 août d'Adidas.

Les particularités des crises exogènes

Des crises difficiles à appréhender

Les crises qui se déclenchent ainsi *via* les réseaux sociaux sont particulièrement difficiles à anticiper et à identifier.

Tout d'abord, parce que ce sont souvent des crises imprévues. La marque peut être ciblée sur un sujet qui ne la concerne pas directement, uniquement à cause de son statut de leader. C'est la stratégie adoptée par Greenpeace qui interpelle des marques « phares » sur des causes qui les concernent indirectement : Nike à propos de la pollution des industries textiles chinoises, Nestlé et Mattel sur la déforestation indonésienne…

La crise peut aussi naître sur des sujets perçus comme « annexes » par l'entreprise car non directement liés aux valeurs de la marque ou mal maîtrisés. La problématique *halal* par exemple, se révèle sensible pour la population musulmane mais complexe à appréhender pour des marques occidentales.

Enfin, la crise peut naître tout simplement car l'entreprise n'a pas été capable de gérer le problème d'un client ou d'un groupe de clients à un moment donné ; l'incompréhension s'est alors transformée en insatisfaction puis en mouvement de protestation. Le temps que l'entreprise perçoive le risque de la situation, c'est trop tard, la crise est là.

Des crises à la croissance progressive

Une anecdote scientifique affirme que si l'on prend une grenouille et qu'on la met dans une bassine d'eau chaude, elle va immédiatement sauter pour en sortir. Par contre si une grenouille est placée dans une bassine d'eau froide qui est chauffée progressivement, elle s'y laissera cuire.

Face à ces crises exogènes, l'entreprise se retrouve dans la situation de la grenouille. Elle ne se rend pas compte que l'environnement devient progressivement « bouillant » et découvre soudainement la force de la pression de communautés et d'une opinion qui ne lui laisse plus que peu de marges d'actions de manœuvre.

Avis d'expert

Clémence Lerondeau, journaliste web, Greenpeace France

Beaucoup de marques n'ont pas vraiment compris le web social. Elles considèrent encore qu'internet est un outil – ou un regroupement d'outils – qui va leur permettre de mieux toucher leurs clients. Or, surtout depuis le web 2.0, internet c'est avant tout une culture dont le principe fondateur est la liberté d'expression.
Cette approche par « l'outil » a pour conséquence une incompréhension croissante entre la marque et sa communauté. Par exemple, beaucoup de marques présentes sur internet et sur les médias sociaux, ne savent pas échanger avec leur communauté. Elles sont encore dans la démarche typique des médias traditionnels : je délivre un message à mes clients/prospects. Évidemment, dès que la communauté commence à mettre en cause le message ou même l'entreprise, c'est souvent la panique, car cela ne correspond plus du tout aux schémas relationnels (*top down*) connus.

L'essentiel

▶▶ **Identifier la typologie** de l'initiateur de la crise sur internet s'avère essentiel pour adapter la communication de crise.

▶▶ **Les crises industrielles**, brutales, soudaines et fortement médiatisées, sont reprises sur les médias sociaux à travers l'émotion qu'elles suscitent. Elles attirent également l'expression d'« experts » plus ou moins pertinents mais qui influencent les débats.

▶▶ **Les crises d'image**, difficiles à appréhender et à croissance progressive, se développent principalement sur l'incompréhension entre l'entreprise et ses communautés.

Chapitre 9

Gérer la crise

Executive summary

▶▶ **La communication** de crise sur les médias sociaux passe tout d'abord par une compréhension fine de son environnement (qui s'exprime sur le sujet), et l'évaluation du potentiel « crisogène » des acteurs en présence.

▶▶ **Ensuite**, il est indispensable de prendre la parole soit de façon « institutionnelle » (diffusion d'informations) soit de façon « communautaire » (mise en place d'un dialogue avec les communautés) mais toujours selon un angle conversationnel.

▶▶ **Quelle que soit** l'évolution de la crise, les rumeurs doivent être gérées en priorité. Il s'agit non seulement de les démentir « officiellement » le plus rapidement possible mais également d'aller en repérer la source pour les stopper.

▶▶ **Enfin**, la mobilisation d'alliés qui convoient les messages de la marque sur les médias sociaux peut s'avérer extrêmement efficace, mais reste assez complexe à mettre en place.

S'occuper des médias « traditionnels »
La clé du succès en cas de crise endogène

Lors d'une crise publique, industrielle ou endogène, ce sont bien les médias traditionnels qui donnent le ton. Leur capacité de mobilisation, leur puissance (un journal télévisé à 20 heures touche entre 5 et 8 millions de téléspectateurs) et leur multiplicité leur concèdent irrémédiablement la primauté.

La communication doit s'adapter à cela :
- Dans un premier temps, il s'agit de gérer ces médias traditionnels car ce sont eux qui alimentent le web social. Les réseaux sociaux vont dans un premier temps essentiellement reprendre et commenter l'information fournie par ces médias traditionnels.
- Dans un deuxième temps, après que cette information initiale aura été largement partagée, viendra le temps du commentaire et des interprétations. C'est là que les médias sociaux jouent un rôle dangereux, en tant que lieu d'information pour les médias traditionnels.
- Enfin, des sujets connexes susceptibles de relancer la crise, tout au moins au niveau de la communication, risquent d'apparaître : des anciens employés se rappellent que des alertes avaient déjà été données, des riverains expliquent qu'ils avaient déjà soulevé le sujet…

Communiquer lors des crises endogènes, c'est comprendre et maîtriser cette connexion et ces interactions entre médias « nouveaux » et « traditionnels » afin d'éviter autant que possible toute aggravation de la situation au niveau de la communication.

Dans la première phase de la crise, le bruit généré par les médias traditionnels – particulièrement dans la phase émotionnelle initiale – va largement dominer et tout autre moyen de communication sera inaudible pendant quelque temps.

Il est donc indispensable de se préoccuper en premier lieu de ces médias car ce sont eux qui vont construire l'image de l'entreprise dans les premières heures de la crise. Or, s'ils adoptent une position très négative sur l'entreprise, celle-ci n'aura que peu de chance de redresser la barre. Et les médias sociaux, par mimétisme, et parce que leur principale source d'information est constituée de ces médias traditionnels, risquent fort d'adopter la même position.

Cependant, même si les ressources en communication doivent se consacrer sur ces médias traditionnels, il ne faut pas pour autant oublier le web. Internet risque en effet de devenir rapidement une source d'information : les journalistes ont eux aussi le réflexe « internet » pour leurs recherches !

Produire du silence : le cas des crises exogènes

La communication de crise sur les réseaux sociaux lors de crises exogènes n'a qu'un seul objectif : empêcher que le sujet sensible ne soit repris dans les médias « traditionnels ». Il faut éviter par tous les moyens qu'une communication non contrôlée ne transforme une information circulant sur internet en crise médiatique aigue.

La stratégie de communication sera donc avant tout fondée sur une politique de « *containment* », ayant pour objectif de limiter la diffusion de l'information. Pour cela, il n'y a que peu de solutions :
– remonter à la source : il s'agit de stopper le plus rapidement le flux d'information ;
– limiter le champ d'action : si la source de l'information ne peut être gérée, l'autre solution consiste alors à limiter le plus possible son influence.

Dans le cas où ni l'une ni l'autre de ces stratégies ne fonctionnerait, il est plus prudent de se préparer à communiquer rapidement vers les médias traditionnels. Bien préparé, ce mouvement rapide vers le monde « réel » se révèle efficace pour reprendre la main sur la communication. En occupant plus vite que ses détracteurs l'espace médiatique avec un discours crédible et clair, la marque se positionne comme la référence sur le sujet.

Identifier les acteurs de la crise sur internet

Il s'agit d'identifier qui est à l'origine du développement de la crise sur internet. Qui parle ? S'agit-il d'une personne, d'une communauté, d'une organisation d'un média ?

Selon le type d'intervenant, la crise sera plus ou moins facile à gérer.

S'il s'agit d'un client mécontent, la plupart du temps un simple contact direct suffira à résoudre la situation, voire à la retourner de façon positive[1]. S'il s'agit du site d'un média ou d'un blog influent, la

---

1. Selon une étude de Harris Interactive, citée dans le guide du e-CRM réalisé par Publicis Net intelligenz et Atos, 31 % des consommateurs ont changé leur critique négative en recommandation positive après avoir été contactés par la marque.

relation risque d'être plus complexe à gérer. Enfin plus difficile, lorsque l'entreprise est prise à partie par une association ou une communauté très structurée.

> ### Avis d'expert
>
> **Marina Tymen, responsable relations presse et community management corporate, Air France**
>
> À partir du moment où une marque investit un réseau social, elle se met dans une position de dialogue et de transparence. Par cette décision, elle affirme ainsi qu'elle est prête à échanger avec sa communauté. C'est une démarche qui implique fortement toute l'entreprise.
>
> En retour, il devient donc naturel que les internautes – et notamment les clients – se mettent à utiliser ce canal pour converser avec la marque, et en particulier pour manifester leur mécontentement sur tel ou tel sujet. Lorsque la marque répond très rapidement (ne serait-ce que pour indiquer la démarche à suivre pour contacter le service client ou répondre qu'on comprend leur frustration), dans la plupart des cas, cela s'arrête là. En revanche, si l'entreprise est incapable de gérer ce mécontentement ou pire, le réfute, il y a de forts risques que la situation dégénère.
>
> Pour Air France, nous portons la plus grande attention à ce qui est dit sur notre « mur » Facebook et sur Twitter. Bien entendu, il ne s'agit pas de traiter en direct toutes les remarques, mais souvent juste d'indiquer la démarche à suivre. Cette relation personnalisée est très appréciée des internautes, car elle signifie concrètement qu'Air France est dans une position de dialogue et d'écoute (l'internaute a été entendu, sa remarque prise en compte et nous lui répondons).

Attention au risque de déconnexion entre le community manager et le service client : il est nécessaire que les deux fonctionnent dans un temps équivalent. Si le community manager s'adresse à un internaute mécontent pour lui proposer de contacter le service client qui sera à même de gérer son problème, il ne faut pas que ce dernier s'avère alors injoignable ou mette trois semaines pour apporter une réponse par courrier.

Lorsque la crise provient d'internautes « structurés », la situation est alors un peu plus délicate. Il ne s'agit plus d'un épiphénomène, mais d'une attaque de l'entreprise. Quelles qu'en soient les motivations, l'objectif sera pour l'initiateur d'obtenir une visibilité critique sur le web qui lui attirera l'attention des médias traditionnels.

La démarche à suivre consiste alors à identifier très rapidement le réseau et la crédibilité de cet initiateur afin d'évaluer la dangerosité potentielle de la situation.

> **Fiche pratique**
> **Évaluer le potentiel « crisogène » d'un internaute ou d'une association**

Savoir qui il est

Le plus simple reste encore de faire des recherches sur les réseaux sociaux : Facebook, Twitter, Google+, LinkedIn, Viadeo, Copains d'avant... et ailleurs (blogs notamment)

Rien que ces éléments permettront d'avoir une première idée du profil de la personne. Et même s'il s'avère que ce sont de faux profils, cela donne tout de même quelques indications. Une simple interrogation des moteurs de recherche permet parfois de mieux comprendre la situation et de la relativiser.

L'influence d'une association comme Greenpeace n'a rien à voir avec celle d'une association environnementale hyper locale se focalisant sur une espèce, et cela indépendamment de la validité de la cause défendue.

Savoir ce qu'il dit

L'étude des murs Facebook, des interventions sur Twitter et des textes publiés sur les blogs permettent de dresser un profil assez précis. S'agit-il de personnes ou de groupes plutôt ouverts au dialogue (dans ce cas, la crise peut être parfois simplement résolue par un contact direct) ou au contraire fermés à toute discussion ? De même, l'étude des discours tenus donne le « ton ». S'agit-il d'un discours plutôt virulent ou calme ? Les arguments sont-ils plutôt émotionnels ou rationnels ?....

Savoir quels sont ses contacts

Le réseau relationnel de cette personne ou de cette association est également un élément clé de l'étude de son profil. Twitter permet facilement d'avoir accès à ces données en allant sur le profil de la personne. Un simple coup d'œil sur les followers et leur fonction donne quelques indications sur l'influence de l'initiateur de la crise.

Connaître son histoire

Enfin, arriver à connaître l'historique des prises de paroles ou de position de cet internaute peut s'avérer extrêmement utile. Ses interventions précédentes ont-elles été perçues comme crédibles ? Quelle a été la réaction de la websphère ?

9. Gérer la crise

> L'étude de cet historique ne doit pas s'arrêter au seul environnement de l'internet, mais prendre en compte les médias « traditionnels », y compris les médias locaux (presse quotidienne régionale, radios locales, sites d'information locaux…) qui traitent plus facilement ces sujets de crise impliquant des acteurs locaux.
> L'évaluation de l'expérience de l'internaute permet de relativiser éventuellement le risque. Si c'est la première fois que cette personne se lance sur le sujet, sa crédibilité et son influence seront sans doute très limités. ■

Ce travail de « *profiling* » de l'initiateur de la crise permet de repérer qui sont les amplificateurs « naturels » de la crise et, éventuellement, de s'adresser à eux en amont, c'est-à-dire juste au moment où la crise est connue ou même avant que l'initiateur de la crise n'ait pu le faire (dans le cas de crise exogènes).

Prendre la parole

La prise de parole au début de la crise est fondamentale. La plupart des situations « sensibles » dégénèrent parce que l'entreprise a ignoré la situation. Cette absence de réponse à une interpellation – qu'elle soit le fruit d'un individu ou d'une organisation – fait passer l'entreprise pour « autiste » et au final alimente la crise.

Avis d'expert
Stéphane Mahon, directeur général, Happycurious

Quoiqu'on en dise, la notion de dialogue est assez nouvelle pour les entreprises. Jusqu'ici, l'entreprise parlait et ses publics écoutaient. Ce qu'elles disaient, dénotait une forme de vérité absolue. Les situations de crise ébranlent ce dogme. Lorsqu'il y a crise c'est que l'entreprise a failli quelque part. Que ce soit dans ses process ou dans son comportement. Dans le cadre de crises dans la websphère pour résoudre la situation il faut aller vers les « fauteurs de trouble » pour dialoguer avec eux. C'est-à-dire écouter ce qu'ils ont à dire et prendre en compte leur avis, leurs commentaires. Leur approche physique se révèle presque toujours pertinente, voire légitime ! Dans certaines entreprises, cette démarche est contraire à la culture interne, l'idée du dialogue a quelque chose de phobique…

Quand prendre la parole ?

Le plut tôt possible dès que le risque est identifié, c'est-à-dire dès que des messages, des informations sur le sujet commencent à circuler sur les réseaux. Étant donnée la capacité de déploiement exponentielle de l'information, le plus tôt l'intervention sera réalisée, le plus facile sera la gestion de la situation.

Cependant, dans de nombreuses entreprises, l'organisation hiérarchique pèse lourd, particulièrement en situation de crise naissante où le risque potentiel causé par une prise de parole malheureuse ne favorise pas la prise de responsabilité individuelle.

Avis d'expert

Frédéric Klotz, directeur qualité, rueducommerce.com, en charge de la qualité de service

Pouvez-vous donner un exemple récent de crise ?

Fin aout 2011, la société HP annonçait simultanément l'abandon de la production de tablettes tactiles et une baisse de prix plus que conséquente de ses modèles actuellement en vente (les prix ont été divisé de 3 à 4 !).
Alors que la plupart des sites marchands ont été dévalisés en quelques minutes, RueDuCommerce a choisi de créer l'évènement en organisant une vente spécifique de ses stocks la semaine suivante. Le 26 août, pour annoncer cette vente, nous avons alors mis en ligne les fiches produits des HP TouchPad. Pour des raisons techniques, ces fiches ont dû être retirées dans les heures qui suivaient. Immédiatement la rumeur d'une vente faite finalement le jour même s'est propagée sur internet.

Quelle a été le premier réflexe de RueDuCommerce ?

Pour y couper court, à 20 heures, RueDuCommerce a publié un communiqué annonçant que la vente se tiendrait 10 jours plus tard. Mais, la déception et l'énervement des clients ont été tels que certains n'ont pas hésité, en plus de Twitter sur le sujet, à créer des pages Facebook anti-RueDuCommerce.

Que peut-on faire dans ce cas ?

La solution retenue pour stopper ce mouvement a été de s'adresser individuellement à chacun des internautes pour lui expliquer la situation. J'ai ainsi passé toute la soirée et la nuit du vendredi à répondre aux tweets sur le sujet. C'était le plus urgent. Ensuite, j'ai contacté les auteurs des pages Facebook pour leur expliquer à eux aussi la situation et pourquoi il nous semblait que leur démarche

> était injuste vis-à-vis de RueDuCommerce. Enfin, j'ai appelé les quelques blogueurs qui s'étaient emparés du sujet. Mon choix a été uniquement lié à la typologie des médias. En premier celui qui diffuse le plus rapidement l'information (Twitter) pour finir par ceux où l'information est la plus statique.
> Cela demande une énergie considérable mais dès le samedi matin, la crise était résolue car, à partir du moment les internautes disposent d'informations claires, c'est rare qu'ils continuent à propager la crise. La principale conséquence de tout cela c'est que l'on s'est promis de ne plus jamais faire de telles opérations le vendredi !

Comment prendre la parole ?

Rester cohérent

Avec la multiplication des canaux de communication et la séparation entre les équipes gérant les médias traditionnels et celles agissant sur le web, le risque principal est le manque de cohérence dans la prise de parole. Or, en cette période de crise où tous les faits et gestes de l'entreprise sont scrutés de près, toute incohérence est inévitablement repérée, mise en exergue, et au final décrédibilise le discours tenu. Sans compter que cela trahit une certaine fébrilité et désorganisation interne, peu rassurantes en période de crise.

L'approche « institutionnelle »

Elle consiste à utiliser le web communautaire et les médias sociaux avant tout comme des médias. C'est la stratégie développée par BP lors de la marée noire causée par Deepwater Horizon.

L'entreprise a utilisé les réseaux sociaux comme moyen de diffuser de l'information de façon continue et régulière vers ses publics. La somme d'informations diffusées rend les interactions avec les internautes peu visibles.

En publiant 20 à 24 messages par jour sur sa page Facebook, BP limitait naturellement les commentaires. En effet, le faible de temps de présence de chacune de ces informations rendait l'interaction entre internautes assez difficile. Cette stratégie de saturation des réseaux permet de se positionner de fait comme LA source d'information prioritaire pour les internautes et les médias. La subtilité est de réussir à être fortement présent sans pour autant surcharger le réseau et lasser ses audiences.

L'approche « communautaire »

L'approche communautaire consiste, au contraire, à favoriser plutôt les échanges entre internautes, à créer des espaces de discussions. Elle peut être volontaire ou suscitée par le choix du support de communication, le faible nombre de messages postés sur les réseaux ou l'attachement de la communauté à la marque.

> **Exemple**
>
> **Quick, la force de la communauté**
>
> La gestion de la crise du restaurant d'Avignon par Quick, montre bien que, la chaîne a joué, dès le départ, la carte de la « communauté ». Non seulement sa stratégie de présence « limitée » sur Facebook (au plus fort de la crise, Quick n'a posté que deux messages par jour) a facilité de fait les échanges entre internautes, mais Quick de plus intervenait de façon régulière dans la partie « commentaires ». Cet échange allait bien au-delà de la simple modération avec souvent l'apport de précisions ou d'informations supplémentaires sur des propos tenus. Bref, Quick a développé une véritable stratégie de conversation avec ses communautés.
>
> Le choix de cette stratégie a été facilitée par la relation forte qu'il existe entre Quick et ses consommateurs.

Quels critères de choix ?

Le choix de l'une ou l'autre de ces approches dépend avant tout de l'expérience de la marque sur les réseaux sociaux et de la force de sa communauté. Une marque plutôt appréciée, *a priori* sympathique pour sa communauté, a bien entendu intérêt à laisser s'exprimer les internautes. À l'inverse si la communauté est faible et que la marque dispose d'un *a priori* plutôt neutre, voire négatif, mieux vaut dans ce cas qu'elle prenne et conserve la maîtrise de sa communication. Enfin, et ce n'est pas le moindre, le type de crise compte énormément. Le drame du Quick d'Avignon avec le décès d'un jeune garçon impose évidemment une certaine réserve.

L'évolution de la crise peut évidemment nécessiter de passer d'une approche à l'autre en fonction de la nécessité ou non de « reprendre la main » sur la communication dans des moments particuliers.

9. Gérer la crise

> ### Avis d'expert
> François Guillot, directeur associé, Angie+1
>
> **Comment définiriez-vous le concept de « conversation » ?**
>
> La conversation, c'est l'inverse de la langue de bois. Jusqu'ici, en situation de crise, la tendance des entreprises était de sortir un communiqué de presse lénifiant avec des mots pesés. Peu importe si personne n'y comprenait rien, le « contrat » était rempli : l'entreprise avait pris la parole pour dire qu'elle prenait en compte le problème. Avec les réseaux sociaux, brutalement des milliers de personnes s'expriment sur cette réaction. Soudainement, l'entreprise se trouve face à un public qui lui dit que ce qu'elle dit est incompréhensible et langue de bois ; bref, que ça ne répond pas du tout aux attentes. Les réseaux sociaux agissent donc surtout comme des révélateurs de l'opinion.
>
> Désormais, en période de crise, pour qu'un message passe sur les réseaux sociaux, il faut qu'il soit écrit de façon intelligible, avec un langage de proximité et qu'il dise clairement ce que tout le monde attend. C'est certes engageant et impliquant, mais une marque ne peut pas à la fois vouloir créer une relation « forte et privilégiée » avec ses consommateurs et ensuite être incapable d'être « vraie » lorsqu'elle s'adresse à eux.

Où prendre la parole ?

Le choix du lieu où va s'exprimer l'entreprise est un acte de communication en soi. Il va profondément impacter la suite des évènements. Le premier critère à prendre en compte c'est de parler là où l'on sera entendu, là où se trouve sa communauté et/ou les instigateurs de la crise.

Encore faut-il, cependant, que des canaux de communication aient été au préalable mis en place.

En effet, dans la quête d'informations sur l'évènement (ce qu'il s'est passé, quand et où ? Avec quelles conséquences…), internautes, journalistes, clients, etc. vont tous se tourner vers l'entreprise. Mieux vaut donc que ces personnes trouvent facilement des éléments de réponse fournis par l'entreprise plutôt qu'aboutir sur des informations données par des tierces parties, dont les enjeux ne sont pas forcément les mêmes. Une association environnementale n'aura pas la même vision d'une pollution accidentelle, que l'entreprise qui en est à la source, sans pour autant que cette dernière nie les faits ou leur gravité…

Mieux vaut occuper le terrain rapidement, sinon d'autres se chargeront de le faire.

Les critères de choix

Comment sélectionner le lieu de prise de parole sur internet ?

L'idéal bien entendu est de disposer de plusieurs canaux de communication – site, blog, page Facebook, fils Twitter, chaîne YouTube, etc. – et de jouer la complémentarité entre eux. Par exemple, une page Facebook, plutôt dédiée au « produit » et à la relation client, est le lieu idéal d'expression pour communiquer sur des crises liées à un mécontentement sur le produit ou sur le service client. À l'inverse, le site web, plutôt traditionnellement institutionnel, sera réservé à la communication sur des thématiques plus générales comme l'environnement, les ressources humaines…

Dans le cas de crises endogènes, déjà médiatisées, ou de crises graves, tous les lieux peuvent être utilisés simultanément mais en adaptant les contenus.

Exemple

Lors de la crise environnementale causée par la plate-forme de forage Deepwater Horizon dans le Golfe duMexique, BP a utilisé simultanément son site web, Twitter, Facebook et YouTube. La page Facebook formait le véritable « *hub* » de la communication de crise et renvoyait selon les cas vers le site web (aspects « institutionnels »), le fil Twitter (l'actualité) ou la chaîne YouTube.

Le site web

C'est l'endroit institutionnel et officiel par excellence. Dans le cas de crises médiatisées, c'est le lieu privilégié à prendre en compte, car c'est là que se rendront en priorité les internautes pour trouver de l'information. C'est aussi la plupart du temps le premier lieu d'expression de l'entreprise qui apparaît dans les moteurs de recherche.

Exemple

Les sites « fantômes »

De nombreuses entreprises dont les risques de crise sont assez bien identifiés réalisent des « sites fantômes ». Il s'agit de pages web pré-formatées avec un premier texte, qui peut être facilement complété avec les données essentielles de la crise. Cela permet, dès l'apparition de la crise, de poster immédiatement une première alerte sur le site de l'entreprise.

Ce principe de sites « fantômes » est particulièrement utilisé par les compagnies aériennes (la mise en ligne d'une page avec les informations essentielles et les numéros à appeler se fait ainsi en quelques minutes), les distributeurs, les entreprises alimentaires...

Selon la gravité de la crise, la page relative à l'évènement peut être plus ou moins visible sur la « une » du site. La solution la plus pratique consiste à ajouter un onglet ou une pastille liée à l'évènement qui amène alors l'internaute sur des pages spécifiques. Le choix de la visibilité et de l'emplacement des liens vers des pages dédiées, dépend de la gravité de la crise et de son lien avec l'activité de l'entreprise.

Lorsque la crise est majeure – un crash aérien par exemple – il est inconcevable de ne pas mettre un avertissement bien visible sur la *home page*. À l'inverse, une crise non liée directement au produit – une pollution accidentelle de l'environnement sur un site agro-alimentaire – peut être moins visible (un communiqué de presse ou un *statement* publié dans la partie « information »). Dans le cas de crises sociales, comme toute prise de parole de l'entreprise est assez complexe et sensible, la mise en ligne d'un *statement* vers lequel sont renvoyés les journalistes permet de répondre tout en n'offrant pas une visibilité trop importante à l'évènement.

> **Exemple**
>
> Le site institutionnel[1] de BP a fortement évolué au cours de la crise environnementale liée à la marée noire causée par Deepwater Horizon.
> Dans les premiers jours, la page d'accueil affichait une « Une » intitulée « Gulf of Mexico Update ». Puis, quelques jours plus tard est apparu un onglet « Gulf of Mexico response » mis en valeur en rouge. Quant à la page d'accueil elle était désormais entièrement consacrée à la crise avec même directement visible les coordonnées des services clés (Services de presse de BP, Coast-Guards, Environmental Hotline... y compris le service de plaintes !).
> Durant les mois qui suivirent, l'onglet « Gulf of Mexico response » s'est progressivement enrichi de rubriques (Response in details, Response in pictures, Response in videos, BP in the media, How to make a claim...). Très rapidement, BP a utilisé son compte Twitter et l'a mis en avant sur la page d'accueil (mai 2010) Puis, à partir du moment où la fuite a été colmatée, la page d'accueil a été progressivement consacrée à d'autres sujets tandis que l'onglet restait bien présent

---

1 www.bp.com

(et toujours en rouge). Dès novembre 2010, toutes les coordonnées affichées en première page ont été retirés.

Enfin, début 2011, l'onglet « Gulf of Mexico Response », s'est transformé en « Gulf of Mexico Restoration » et les rubriques sont devenues : Deepwater Horizon Accident, How we responded, Restoring the environment, Responding the economy... Enfin, en aout, l'onglet qui était de couleur rouge est passé au vert, couleur du site (ce qui le rend beaucoup moins visible).

BP a parfaitement su faire évoluer son site en fonction des différentes étapes de la crise. Peu à peu la communication s'est affinée et précisée. BP passe d'une communication d'urgence (information en Une mais assez sommaire) à une communication plus rationnalisée et contrôlée (multiplication des entrées, des sources, des moyens de communications...). La société passe de la description d'un évènement, au « *storytelling* », elle raconte une « histoire », qui met en avant l'action de BP pour résoudre la crise.

La page Facebook

L'utilisation de pages Facebook offre de nombreux avantages : facilité d'insertion d'éléments multimédia (films, documents, liens...), développement des échanges et des commentaires entre internautes. Sans compter que le principe de « syndication » entre « amis » rend automatiquement visible toute publication auprès d'un large public.

Cependant, l'utilisation de Facebook en période de crise ne vaut que si l'entreprise dispose déjà d'un compte et, bien entendu, de fans... Ensuite la décision de communiquer sur ce média peut s'avérer pertinente ou non, selon les caractéristiques de la crise et la visibilité du compte.

Par exemple, si la crise ne concerne qu'une fraction des consommateurs et/ou si le sujet est controversé, il n'est pas nécessaire de lui donner une visibilité exagérée sur le réseau social ; au contraire, une exposition trop brutale risquerait même d'accélérer le phénomène de crise.

Exemple

Si Quick a fortement utilisé sa page Facebook suite à la crise survenue à Avignon, rien n'a été posté lorsque l'enseigne a été mise en cause sur la certification *halal* de certains de ses restaurants. Dans ce cas, Quick a uniquement utilisé sa page web traditionnelle plus « institutionnelle ». En effet, le sujet ne concerne *a priori* qu'une certaine partie de ses consommateurs et de plus s'avère « sensible » puisque relatif à l'interprétation de préceptes religieux. Sa mise en avant sur

9. Gérer la crise

Facebook aurait inévitablement généré des polémiques à travers les commentaires. En ne traitant ce point que sur son site et *via* un *statement*, Quick donne de façon claire sa vision du sujet tout en évitant la polémique (en tout cas sur ses propres espaces de parole).

Créer *ex nihilo* une page Facebook suite à une crise n'apporte que peu de résultats, le temps nécessaire pour obtenir un nombre significatif de fans étant alors largement supérieur à celui de la crise. À moins que la crise ne soit majeure ou risque fortement de durer.

L'utilisation de Facebook, ne vaut donc que dans une approche véritable de « community management ». Cet outil très puissant révèle son efficacité uniquement si l'entreprise dispose déjà d'une communauté : des personnes sur Facebook qui non seulement relaient l'information *via* le bouton « J'aime » mais aussi possèdent une vrai relation « positive » avec la marque. *A contrario*, c'est un outil à éviter s'il n'existe pas cette « communauté » ou si le sujet s'avère excessivement polémique, car le système des commentaires encourage la discussion et accroît les risques de dérapages.

Twitter, l'urgence

Le fonctionnement de Twitter en fait l'outil idéal pour gérer l'information urgente. La brièveté qu'il impose (140 caractères maximum) et le principe de la timeline qui rend de fait l'information éphémère (une information chasse l'autre) créent inévitablement un sentiment « d'urgence ». Twitter est également de plus en plus utilisé pour relater en temps réel un évènement (une conférence de presse par exemple).

Pour que l'utilisation de Twitter soit efficace, il faut tout d'abord s'assure que le « fil » soit bien suivi. S'il n'y a qu'une dizaine de « followers », ce n'est sans doute pas l'outil le plus efficace… (Même si Twitter permet de suivre un sujet sans être forcément « follower » de celui qui le traite grâce aux recherches sur les « hashtags »).

Ensuite, il faut définir un hashtag (un mot-clé précédé de #) qui permette à un internaute de retrouver facilement les tweets sur le sujet. Il peut s'agir tout simplement du hashtag : #nomdelasociété.

Parler sur Twitter n'est pas neutre non plus au niveau de la cible : Twitter regroupe en effet plutôt des leaders d'opinion, dont un grand nombre de journalistes. Point positif, l'entreprise, en parlant sur Twitter, touche une cible susceptible de rediffuser très rapidement son message ou ses arguments. À l'inverse, tout « faux pas » risque d'être immédiatement médiatisé. Dans ce domaine, les erreurs des community managers deviennent instantanement des « memes[1] »

Le rôle du hashtag dans la communication sur Twitter

Le fonctionnement de Twitter repose sur la relation « follower – following » et sur le concept du hashtag (un dièse suivi d'un mot-clé) qui définit le sujet du message. C'est sur ces mots clés que la plupart des internautes font leur recherche parmi les messages postés sur Twitter. Pour cette raison, il est important d'en définir un spécifique pour tout sujet sur lequel la marque va communiquer.

Étant données, les limites de Twitter, il ne doit pas être trop long, tout en étant facilement identifiable. Choisir #President ou #Voiture comme hashtag n'a aucun sens car ce sont des mots trop génériques. Une recherche sur ces hashtags risque de faire remonter des centaines de tweets sans aucun rapport avec le sujet. De même #pressconfsocsept2011 n'est pas très pertinent car impossible à remémorer et trop long.

Ce choix est vraiment loin d'être anecdotique car c'est ce mot-clé qui restera attaché à la marque et au sujet sur lequel elle s'exprime sur Twitter.

> **Exemple**
>
> **Twitter comme moyen d'arrêter une rumeur**
>
> En juillet 2009, le site *Rue89* publie un article sur une publicité pour une marque de soda aux limites de la pornographie. Selon le site, la publicité aurait été réalisée pour le marché allemand mais finalement jamais diffusée. Très rapidement l'article de *Rue89* est repris sur Twitter.
>
> Or, il se trouve que ce film est l'œuvre d'un jeune réalisateur américain qui a tout simplement fait une parodie « *hot* » des films publicitaires de cette marque pour se faire connaître.
>
> Face au risque grandissant de reprise de cette rumeur dans la presse, l'agence de communication de la marque de soda, décide immédiatement d'agir. Elle choisit alors tout simplement de s'adresser à *Rue89 via* Twitter en signalant que cette vidéo est une parodie et indique un lien vers la page web où l'artiste américain explique sa démarche. En quelques minutes l'article de *Rue89* est corrigé et la fausse information cesse alors de se propager. Grâce à cette

---

[1] Les « memes », contraction du Grec *mimema* (quelque chose d'imité), sont des « objets » (films, textes, photos,…) qui se diffusent à toute vitesse sur internet de personnes à personnes.

action, les internautes qui propageaient la rumeur et le lien vers le site *Rue89* renvoyaient desormais leurs lecteurs sur la page corrigée.

Dans ce cas, la rapidité du traitement de la crise repose uniquement sur l'utilisation de Twitter. Il y a fort à parier que le recours à des moyens « classiques » (identification du journaliste à l'origine de l'article, envoi d'un mail de demande de rectification…) aurait pris beaucoup plus de temps, et favorisé la propagation de la rumeur.

YouTube, Flickr, Slideshare…

Ces sites de partage de vidéos, de photos ou de présentations sont certes très utiles en cas de crise mais plutôt en complément des réseaux cités ci-dessus.

Les éléments postés sur ces réseaux seront certes accessibles directement, mais ils auront avant tout pour rôle d'alimenter en contenu les autres réseaux utilisés pour communiquer.

Isoler les râleurs

Une des techniques traditionnelles de gestion des clients mécontents en point de vente consiste à isoler le râleur en lui proposant d'aller discuter de son problème dans une pièce à part. L'objectif est de s'assurer que le mécontentement ne fasse pas tâche d'huile et d'éviter une exposition « publique » de griefs qui risqueraient de faire fuir les autres clients.

Cette démarche de gestion de la crise sur un lieu spécifique peut tout à fait être mise en place sur internet *via* l'ouverture d'un espace d'expression – blog, page web, fil Twitter, page Facebook… – uniquement dédié au sujet sensible.

> **Exemple**
>
> En octobre 2010, Greenpeace décide de s'attaquer aux financements de la filière du nucléaire. Elle prend alors la BNP comme cible, désignée par l'association environnementale comme « la première banque du monde à financer le nucléaire ». Greenpeace, pour cela, crée le site « ouvavotreargent.com[1] » qui dénonce ces « investissements radioactifs ».
>
> La BNP réagit extrêmement rapidement en créant dans les jours qui suivent le site « lareponseavosquestions.com » qui répond point par point aux dénonciations de Greenpeace.

---

1 Le site a été fermé depuis mais peut être facilement consulté *via* web.archive.org

La stratégie de communication de la BNP sur ce sujet a bien été de traiter ce sujet sensible en dehors de l'espace traditionnel (le site web de la banque) afin de limiter sa visibilité aux seules personnes intéressées.

Cette stratégie de l'isolement, très efficace, ne peut pas être mise en place lors de chaque crise. Tout d'abord, elle est impossible dans le cas de crises « graves » ; au contraire, elle donnerait alors l'impression que l'entreprise se dédouane du problème. En revanche, l'isolement fonctionne très bien lorsqu'il s'agit d'une problématique « périphérique », non liée directement à l'activité de l'entreprise ou ne concernant qu'un nombre restreint de clients.

Veiller les réseaux sociaux

La focalisation de l'attention sur les médias « traditionnels » et le déferlement ininterrompu de sollicitations ne doivent pas faire oublier le web collaboratif. Le web – et le web collaboratif – comme dit plus haut seront inévitablement des sources d'information pour les journalistes.

La veille des réseaux sociaux permet d'identifier cette matière et également d'anticiper les sujets « montants » à travers les discussions des internautes (voir chapitre 4).

Être au bon endroit

Parmi les lieux à surveiller de près, il y a bien entendu :
- **Wikipedia** : l'encyclopédie en ligne est une source d'information majeure pour les journalistes. L'article de Wikipedia permet bien souvent d'avoir les quelques données essentielles sur l'entreprise. En situation de crise, il faut s'attendre cependant à ce que des internautes mettent très rapidement quelques lignes sur les évènements en cours (cela peut être fait dans les minutes qui suivent !).

> **Exemple**
>
> **Fukushima, la mise à jour en temps réel**
>
> Les pages Wikipedia sur Fukushima ont été mise à jour quelques heures seulement après le séisme : dès 14 h 50, soit 7 heures après le tsunami, la page française relative à la centrale nucléaire de Fukushima Daichi se faisait l'écho d'incidents sur le site.

Non seulement le temps de réaction est très rapide pour un évènement se produisant à l'autre bout du monde, mais surtout il est intéressant de constater qu'une page sur cette centrale nucléaire existait déjà sur la version française de l'encyclopédie (et sur la version anglaise).

Il faut donc suivre ce qui se dit sur Wikipedia et surtout ne pas hésiter à corriger des erreurs qui auraient été insérées par des internautes de façon consciente ou non. Corriger une erreur à la source est toujours plus facile que d'avoir à publier un démenti parce qu'elle a été reprise par des médias.

- **YouTube et autres sites de vidéos** : des témoins de l'évènement peuvent avoir posté des vidéos ou des photos prises sur le vif. Mieux vaut également les avoir identifié en amont ne serait-ce que pour expliquer ce que cela représente. Une flamme de torchère industrielle peut paraître impressionnante et dangereuse, même dans son fonctionnement « normal ». Quelques lignes de précisions sur le site évitent à moindre coût la propagation d'informations erronées.
- Enfin, les salariés, actuels ou anciens, de même que les syndicats sont d'excellentes sources d'informations pour les médias et, volontairement ou non, des initiateurs de sujets nouveaux. Il peut s'agir de syndicalistes qui rappellent que des alertes sur des sujets similaires avaient eu lieu précédemment. Ce type de commentaire induit immédiatement qu'il y a sans doute un problème de management derrière l'incident.

Développer une écoute active

La veille en situation de crise a deux objectifs clairs : identifier les sujets « montants » et éviter le déplacement de crise sur des sujets connexes.

Anticiper les sujets « montants »

Il s'agit de repérer les sujets susceptibles d'orienter les médias traditionnels sur de nouvelles thématiques liées à la crise. Cela est particulièrement vrai dans la phase « d'investigation » de la communication de crise, celle où les médias après avoir traité de l'aspect « émotionnel » de la crise cherchent de nouveaux angles.

Les conversations sur les médias sociaux reflètent assez souvent les préoccupations du grand public sur tel ou tel sujet. Y répondre soit directement soit *via* le site web de l'entreprise, soit *via* les médias permet de désamorcer quelques situations explosives.

Par exemple, dans le cas de riverains s'inquiétant de la propagation de dioxines dans l'air suite à un incendie, si un expert (interne ou mieux externe à l'entreprise) peut affirmer preuves à l'appui que cela n'est pas un risque, le sujet sera rapidement abandonné par les médias. À l'inverse, la non identification de ce thème ou une absence de réponse, pourra laisser penser que c'est un vrai sujet et attirer l'attention des médias.

Enfin, les témoignages à charge d'anciens employés peuvent particulièrement se révéler destructeurs car potentiellement très intéressants pour des médias car perçus comme très crédibles.

Identifier les déplacements de crise

La crise est le moment idéal pour que des détracteurs de l'entreprise s'expriment sur des sujets qui seraient sans doute passés inaperçus en période « normale ». Lors de cette période particulière, l'entreprise se retrouve brutalement dans une position de faiblesse avec une sur-attention médiatique portée à ses faits et gestes. C'est le moment idéal saisi par certains pour volontairement ou involontairement mettre en avant des sujets polémiques.

> **Exemple**
>
> **Hadopi et les activistes**
>
> La confrontation entre Hadopi et ses opposants sur le web a donné lieu à de nombreuses tentatives de déplacement de crise sur des sujets connexes. Par exemple, lors du lancement de la campagne de communication (PUR – début juin 2011), sont apparus des articles sur des sites anti-Hadopi mettant en cause les conditions de tournage de la publicité (en Slovénie) et son coût.

Les prises de parole syndicales illustrent fréquemment cette stratégie du « déplacement » : il n'est pas rare de voir intervenir des représentants syndicaux sur le manque de personnel, les conditions de travail, le recours à l'interim… qui seraient l'une des causes de la crise.

Il peut arriver cependant que ces tentatives de déplacement soient trop décalées par rapport à la crise et disqualifient leurs auteurs. Par exemple, une revendication salariale faite lors d'une crise industrielle grave n'aura que peu d'audience, voire paraîtra franchement déplacée auprès de l'opinion.

9. Gérer la crise

Gérer les espaces d'expression

En période de crise, le suivi des commentaires des internautes sur les publications de l'entreprise s'avère essentiel. Dans un premier temps, il permet d'avoir de façon quasi instantané un retour sur la façon dont est perçue l'information. Le discours de l'entreprise est-il crédible ? Quel est son impact sur l'image de l'entreprise sur internet ? Ensuite, cela donne un aperçu du fonctionnement de la communauté et des relations entre ses membres.

Or, les échanges entre internautes requièrent un suivi attentif – ne serait-ce que pour éviter les dérapages volontaires (interventions de « trolls ») ou involontaires dus à des discussions qui s'enveniment à force de tourner en rond.

Il ne faut pas oublier que, quoiqu'il arrive, l'entreprise garde la responsabilité « morale » de ce qui est publié sur les espaces qu'elle gère (même dans les commentaires). Avec pour corollaire que la multiplicité des espaces requiert de fait une veille accrue.

Face à des commentaires déplacés ou inexactes la seule solution reste la modération. Mais vite assimilée par les internautes – particulièrement ceux qui sont « modérés » – à de la censure ou de l'interventionnisme malvenu, elle se doit de respecter certains préceptes clés. Une modération mal gérée peut facilement envenimer la crise.

Il existe principalement deux types de modération : l'intervention et la censure.

L'intervention consiste tout simplement à prendre la parole pour préciser ou corriger des propos inexacts. La subtilité consiste à intervenir à bon escient afin de ne pas apparaître comme indiscret.

Les interventions doivent être réservées aux espaces gérés par la marque (Facebook, Twitter, chaîne YouTube…) et ne porter que sur des éléments importants, c'est-à-dire liés à la crise en cours. *Grosso modo*, les règles à respecter sont du type de celles utilisées pour les journalistes : seules les informations fausses sont commentées. Les avis personnels (ce n'est pas bon/beau…) n'ont pas à être modérés. Lorsque des fausses informations sont postées sur des espaces non gérés par la marque (sur un fil Twitter, sur un profil Facebook…) l'intervention peut se faire mais en relation directe, c'est-à-dire en « privé ». Il est fortement recommandé d'éviter une prise de parole « publique » qui donnerait avant tout l'impression que l'entreprise « flique » le web et une menace la liberté de parole.

L'autre type d'intervention est l'effacement pur et simple du commentaire (principalement sur Facebook). Cette décision extrême se justifie si les commentaires s'avèrent ouvertement diffamatoires, injurieux ou déplacés. Cela doit être réalisé en toute transparence : il est indispensable d'indiquer à la personne concernée que son commentaire a été effacé. Cela se traduit par un message du type « @auteurdumessage votre message a été effacé car il contrevenait par son contenu injurieux/diffamatoire/déplacé... à la charte qui régit les échanges postés sur ce site ». Dans tous les cas, il est recommandé de faire une copie d'écran du commentaire effacé avant de l'enlever. Cela peut servir de preuve en cas de problème ultérieur.

Avis d'expert

Marina Tymen, responsable relations presse et community management corporate, Air France

Comment gérez-vous des interventions potentiellement à risque sur votre mur Facebook ou Twitter ?

Il y a plusieurs cas. Tout d'abord, en application de notre propre charte de modération éditoriale que nous amendons régulièrement, nous supprimons de façon systématique les propos diffamatoires, pornographiques et racistes et bien sûr publicitaires. Mais, au préalable, nous réalisons une capture d'écran. Cela pour deux raisons : la première est juridique. Même si nous sommes sur le réseau Facebook, l'espace que nous gérons est sous notre responsabilité. Il est donc important de garder une trace de ce qui s'y est passé.
Ces captures nous permettent également de partager à la fois à l'externe et à l'interne notre expérience de community management. Beaucoup, même parmi les professionnels des medias sociaux, s'étonnent devant la diversité et le nombre de messages « problématiques » que nous recevons et devons modérer. Lorsque les propos tenus sont injurieux ou déplacés du fait souvent d'un énervement, nous avertissons l'auteur en lui demandant de les retirer, d'effacer son « post » et en lui expliquant pourquoi. Nous souhaitons responsabiliser les internautes et ne pas apparaître comme des censeurs systématiques. S'il ne le fait pas dans les heures qui suivent, alors nous le faisons.
Enfin, il y a les interventions sur des sujets sensibles identifiés (problèmes sociaux, accidents, transport d'animaux vivants...). Dans ces cas-là nous rappelons à l'auteur que ce n'est pas le lieu pour tenir ces propos et lui proposons de cliquer sur un lien vers le site corporate sur laquelle la position d'Air France sur le thème évoqué est détaillée.
Chaque semaine nous organisons un « *social media committee* » qui réunit des représentants du service de presse, de la marque online et bien sûr du

>> e-marketing, une part importante du temps est consacrée à l'éditorial de la semaine passée et à venir.

Quel est le secret d'une gestion efficace de sujets sensibles sur le web ?

Tout d'abord une veille e-réputation efficace. Pour cela une structure dédiée (interne ou externe) est nécessaire mais pas suffisante. Outre notre propre outil d'e-reputation, Flyerbuzz, rien ne vaut l'attention portée par l'ensemble des salariés à ce qui est dit sur la marque. Ensuite une disponibilité quasi totale. La gestion de crise ne s'arrête pas le vendredi à 18 heures pour reprendre le lundi 9 heures D'ailleurs, une des particularités des activistes est justement de poster leurs revendications le vendredi soir et le week-end.
Enfin l'expérience : c'est la connaissance de sa propre communauté qui permet d'agir de façon pertinente. Cela suppose d'aller régulièrement voir les profils des personnes qui interviennent Ce simple travail de vérification permet de faire le tri entre l'internaute un peu maladroit dans ses propos, l'adolescent farceur, et le troll qui cherche véritablement à déstabiliser la marque.

Stopper les rumeurs

Les rumeurs en période de crise représentent un risque non négligeable de sur-crise, de développement d'une nouvelle crise dans la crise. Or, internet et, particulièrement le web social facilitent largement la propagation d'informations qui, quelle que soit leur véracité, peuvent circuler de façon extrêmement rapide.

La veille des réseaux permet la plupart du temps d'identifier ces rumeurs avant qu'elles ne se développent de façon importante.

Remonter à l'origine si possible

Par principe, il est toujours difficile d'identifier la source d'une rumeur. Cependant, cela devient moins vrai avec le web qui permet de repérer sinon la source, au moins le lieu d'où elle provient (Twitter, Facebook...).

Si la personne à l'origine de la rumeur peut être identifiée, la solution la plus simple et la plus efficace consiste tout simplement à la contacter en privé. Dans le cas d'une information transmise de « bonne foi », il suffit de lui expliquer par mail à son adresse personnelle (il est rare que les internautes actifs sur le web ne laissent pas leur adresse, ne serait-ce que sur leurs profils) la position de l'entreprise et en quoi ses affirmations sont fausses. S'il s'agit d'une personne de mauvaise foi avec l'objectif affiché de déstabiliser la marque en cette période de crise, il peut être pertinent alors de tenir un discours plus circonstancié rappelant les risques juridique de la diffamation.

Bien souvent le contact direct qui, démontre que l'entreprise suit de près ce qui est dit sur elle et a identifié l'émetteur de l'information, suffit à stopper les actions de ces internautes.

Dans tous les cas, la réponse doit être adaptée à la source. L'étude du profil Facebook, Linkedin et Twitter de l'internaute permet d'obtenir les informations nécessaires pour s'en assurer. Il serait ridicule et contre-productif de menacer de procès en diffamation un jeune de 15 ans !

Répondre de façon circonstanciée

Il est important de répondre de façon ouverte et transparente, c'est-à-dire en indiquant bien que c'est l'entreprise qui s'exprime. Cette réponse doit avant tout être simple et factuelle :

« @auteurdelarumeur Nous tenons à corriger vos propos. En effet, contrairement à ce que vous affirmez, nomdelasociété n'a jamais... »

Il ne doit transparaître aucune agressivité, moquerie, condescendance... qui seraient inévitablement mal pris par la communauté des internautes. Les faits, uniquement les faits.

Si la rumeur se développe sur des multiples espaces ou enfle, il peut être utile de publier un message factuel sur l'ensemble des lieux d'expression concernés. Il peut s'accompagner par un correctif sur le site web de l'entreprise sous forme de *statement*. La réponse alors prend la forme suivante : « La société X dément l'information selon laquelle... plus d'informations sur notre site www.adresse.fr »

Exemple

Crise de mauvaise foi !

Lors d'une crise très grave sur l'un de ses produits, une entreprise agroalimentaire, a fortement utilisé les médias sociaux et le web collaboratif pour communiquer vers ses clients. Rapidement, l'étude des prises de paroles des internautes sur la page Facebook notamment, ainsi que sur divers forum, a permis d'identifier une personne particulièrement vindicative. Ses commentaires négatifs envers la marque non seulement envenimaient la situation en allant sur d'autres domaines non directement lié à la crise initiale, mais de plus s'avéraient pour la plupart diffamatoires. Afin de stopper cela, l'entreprise a pris directement contact avec cet internaute pour le sensibiliser sur la situation et lui rappeler la différence entre opinion personnelle et diffamation. Cette démarche « soft » a abouti au résultat escompté avec un arrêt très rapide de l'activité de dénigrement de cette personne.

Mobiliser ses alliés

En période de crise, chaque personne, organisation ou site qui peut défendre l'entreprise s'avère un atout considérable. Ne serait-ce parce que l'avis d'une tierce personne est toujours plus crédible, surtout sur internet. Ce phénomène de « recommandation » par les pairs est au cœur du principe du web 2.0.

La mobilisation idéale des alliés se fait de façon spontanée, c'est-à-dire sans que l'entreprise ait à la solliciter. Cela signifie que le rapport entre la marque, l'entreprise et ses publics est tel, que ceux-ci décident de s'investir pour la défendre. Cela se passe lorsque la marque a su développer une relation privilégiée avec ses publics, notamment à travers une politique de community management efficace.

À l'inverse, aller demander à des publics identifiés comme alliés potentiels ou naturels de se mobiliser pour défendre l'entreprise est toujours un exercice délicat…

> **Exemple**
>
> **Coca-Cola fait mousser la taxe**
>
> Le 7 septembre 2011, suite à la décision du gouvernement français de taxer de façon accrue les sodas, Coca-Cola lançait un fil Twitter intitulé « AntiTaxeSoda ». À travers la création d'un tel fil, Coca-Cola souhaitait probablement sensibiliser les internautes sur cette taxe considérée par la marque américaine comme coûteuse pour le consommateur, inefficace contre l'obésité et destructrice d'emplois[1]. Le choix de Twitter répondait sans doute à l'objectif de toucher plutôt des leaders d'opinion, ce réseau étant largement fréquenté par les journalistes et les blogueurs. Ce projet de mobilisation de l'opinion fera long feu puisque dès le lendemain cette démarche sera arrêtée.
>
> Qu'est-ce qui a amené la marque à abandonner cette tentative de mobilisation de l'opinion ?

---

1 Voir à ce titre le Q&A mis par Coca-Cola sur son site www.coca-cola-france.fr/taxe/

Coca-Cola n'a pas communiqué sur ce sujet mais peut-être la levée de bouclier causée par les déclarations d'un représentant de la marque sur le report d'un investissement sur l'un des sites de production en cas de vote de cette « taxe soda » a-t-elle signé la fin de ce compte Twitter et l'adoption d'un positionnement plus « profil bas ». En tout cas, si cette initiative était originale, elle n'a mobilisée que peu d'internautes puisque le compte n'avait que 223 abonnés fin septembre.

Enfin, le cas des salariés est quant à lui très spécifique. La mobilisation des salariés pour défendre l'entreprise en situation de crise est toujours un exercice à haut risque. Cela n'est possible que si ceux-ci ne sont pas parties prenantes dans la crise. Il serait contre-productif, voire dangereux de tenter de mobiliser ses salariés lors d'une crise sociale, par exemple. Par ailleurs, la forte relation entre les salariés et leur entreprise peut générer des dérapages. Or, la parole d'un salarié sur un réseau social – et en particulier sur un lieu géré par l'entreprise – est assimilée à celle de l'entreprise. Au final, le résultat peut aboutir à une dégradation de la situation avec le rajout d'une crise sur la crise…

La mobilisation des salariés pour défendre la marque n'est véritablement efficace que si le ton et le contenu des messages laissent inévitablement penser qu'il s'agit d'un témoignage spontané et non « téléguidé » par l'entreprise.

Exemple

Les commentaires des interventions du PDG de Quick sur la page Facebook de la chaîne de restauration contiennent de nombreuses interventions de salariés qui viennent défendre la marque en expliquant pourquoi, selon eux et surtout selon leur expérience, un drame tel que celui qui s'est passé à Avignon est incompréhensible. Ces témoignages sont très crédibles car ce sont des employés qui parlent spontanément de ce qu'ils ont vécu.

9. Gérer la crise

Récapitulatif

Le tableau ci-dessous reprend les actions à mettre en place selon les typologies de crise que l'on peut rencontrer sur internet.

	Crises « industrielles » ou endogènes	Crises « d'image » ou exogènes
Caractéristiques	Causées généralement par un accident ou un incident, elles impliquent plusieurs tierces parties. Fortement visibles, elles sont souvent médiatisées. Si leur déclenchement est inattendu, elles peuvent être souvent anticipées.	Elles ne sont pas liées aux processus de l'entreprise mais plutôt à son comportement. Initiées par des éléments externes, elles se développent généralement sur internet et les réseaux sociaux. Elles sont souvent imprévisibles.
Priorité 1	*Gérer la crise* Aucune communication ne sera audible tant que l'entreprise n'aura pas démontré qu'elle a pris en compte le problème identifié.	
Priorité 2	*Gérer les médias traditionnels.* Ce sont eux qui par leur compréhension des évènements vont donner le ton sur la capacité ou non de l'entreprise à gérer la situation.	*Identifier les acteurs.* Repérer les initiateurs et les amplificateurs de la crise Comprendre leurs relations et identifier les développements possibles.
Priorité 3	*Veiller le web* Identifier les sujets « montants » pour anticiper la communication et s'assurer que la crise ne se déplace pas vers d'autres sujets.	*Prendre la parole* Que ce soit en direct vers les auteurs de la crise ou sur ses propres espaces de communication, l'entreprise fait connaître sa position sur le sujet, notamment vers les « initiateurs » et les « amplificateurs » de la crise.
Priorité 4	*Mobiliser ses alliés* Cela passe essentiellement par l'alimentation régulière des publics identifiés comme « alliés » en information sur la crise et son déroulement.	
Priorité 5	*Stopper les rumeurs* Intervenir immédiatement lorsque des rumeurs apparaissent. Essayer d'en identifier la source puis y répondre de façon claire en donnant la position de l'entreprise.	*Veiller le web* Identifier les sujets « montants » pour anticiper la communication et s'assurer que la crise ne se déplace pas vers d'autres sujets.

»

»	Crises « industrielles » ou endogènes	Crises « d'image » ou exogènes
Priorité 6		*Stopper les rumeurs* Intervenir immédiatement lorsque des rumeurs apparaissent. Essayer d'en identifier la source puis y répondre de façon claire en donnant la position de l'entreprise.
Priorité 7		*Se préparer à une communication vers les médias traditionnels* En cas de montée du sujet sur les réseaux sociaux, se préparer à une communication vers les médias. Idéalement parler le premier si cela s'avère nécessaire.

L'essentiel

▶▶ **Rester cohérent** : l'ensemble des discours de l'entreprise sur tous les médias sociaux et vers les autres médias doit convoyer les mêmes messages.

▶▶ **Choisir avec attention** le lieu d'expression : selon les cas de crise, le choix d'un media social s'impose. Le site web est plutôt institutionnel, Facebook favorise la communauté, Twitter donne un sentiment d'urgence...

▶▶ **Développer** une approche itérative permanente :
la communication de crise sur les réseaux consiste à valider en temps réel auprès des communautés les actions menées et à les corriger si nécessaire.

▶▶ **Agir vite** mais avec discernement : celui qui parle sur les réseaux sociaux représente officiellement l'entreprise. Il doit avoir les compétences pour cette mission.

Conclusion

De nouvelles opportunités

L'association des termes « communication de crise » et « médias sociaux » effraie de nombreux managers qui perçoivent avant tout ces deux concepts comme la cristallisation d'un monde nouveau, inconnu, truffé de pièges et de chausse-trappes pour l'entreprise.

S'il est vrai que les médias sociaux génèrent de nouveaux risques potentiels, il ne faut pas oublier qu'ils offrent également un espace de nouvelles opportunités. Certes, les détracteurs de l'entreprise peuvent désormais s'exprimer haut et fort et potentiellement faire adhérer à leur cause des millions d'internautes. Mais, les entreprises n'ont jamais eu autant de moyens d'expression vers leurs publics.

N'oublions pas que, jusqu'à l'apparition de ces médias sociaux, il leur était quasiment impossible de s'adresser directement à leurs clients, à moins d'investir des sommes phénoménales en publicité.

Aujourd'hui, grâce aux médias sociaux chaque entreprise peut créer très facilement des canaux spécifiques pour ses clients, et même, si elle le souhaite, les segmenter en fonction de la relation (il peut y avoir la « page » du service client, la « page » du service commercial, la « page » du recrutement…). Chaque marque a la possibilité d'établir une relation privilégiée avec chacun de ses clients, de créer un véritable échange, en un mot : de converser.

La capacité de tisser de tels liens avec ses communautés est un atout énorme, notamment en cas de crise. De même que l'on est toujours plus tolérant avec le voisin que l'on connaît bien, les consommateurs favorisent les marques avec lesquelles ils ont eu cette relation d'échange.

Paradoxalement, les médias sociaux, perçus comme le lieu de tous les dangers, s'avèrent comme le moyen le plus efficace de lutter contre les crises.

Conclusion

Le retour de la relation-client

Même si l'échantillon reste encore assez faible, l'étude des cas de crise sur les médias sociaux permet de dégager deux tendances intéressantes.

Tout d'abord, nous assistons au grand retour de la relation client. Pas celle « institutionnalisée » qui passe par les « services clients » et autres « numéros Azur », mais la « vraie ». Celle entre un client et un représentant de l'entreprise.

Les médias sociaux, et en particulier Twitter ou Facebook, offrent la possibilité de s'adresser enfin à quelqu'un, de réincarner une relation client que beaucoup d'entreprises s'étaient évertuées à désincarner à coups de centres d'appels externalisés.

Les meilleurs community managers sont ceux qui ont intégré ce nouveau rôle et gèrent cette relation client. Évidemment, cela ne se fait pas sans difficulté. Mais lorsque cette relation client existe, c'est sans nul doute le meilleur outil de prévention de crise qui soit.

À l'inverse, certaines entreprises n'ont pas compris cette importance du service client sur les médias sociaux. Au mieux, elles perdent leur temps et leur argent, au pire, elles accroissent les risques de crise. Beaucoup de crises nées sur internet proviennent tout simplement d'une incapacité de l'entreprise à s'adapter à ce nouvel environnement.

La deuxième tendance révélée par ces cas de crise sur les réseaux sociaux, c'est le nécessaire abandon de la langue de bois. Finis les *statements*, positions d'entreprise, communiqués de presse abscons. Les internautes ont pris l'habitude se parler de façon directe, de dialoguer en permanence au sein de leurs communautés ; ils comprennent de moins en moins pourquoi les marques sont incapables d'avoir le même comportement. Le web 2.0 s'est construit sur des valeurs fortes : le partage, la sincérité, le don (de temps, d'expertise...). Les internautes attendent désormais des entreprises présentes sur ces médias sociaux qu'elles s'y conforment. Ne pas prendre en compte cette exigence, c'est également exposer sa marque à des risques non négligeables.

L'apprentissage permanent

Enfin, ce qui ressort des multiples cas de communication de crise sur les médias sociaux, c'est la permanence de l'apprentissage. L'internet collaboratif fête à peine ses 5 premières années et nous sommes loin d'avoir découvert toutes les implications économiques et sociales de ce nouvel environnement. Sans compter que le rythme d'évolution est tel qu'une technologie s'impose alors que la précédente n'est qu'à peine maîtrisée.

Dans ce contexte, la définition de processus immuables de gestion la communication de crise sur les réseaux sociaux paraît bien aléatoire. Mais, ce qui ne changera pas c'est l'état d'esprit dans lequel la crise doit être abordée en termes de communication. Plus que jamais, les principes de réactivité, de responsabilité et de clarté, sur lesquels se fonde une communication de crise efficace restent d'actualité.

Pour conclure, cet ouvrage ne se positionne en aucun cas comme une « Bible » ou un livre de « recettes infaillibles » pour garantir à coup sûr l'absence de risques d'opinion sur les réseaux sociaux. Il s'agit plutôt d'un partage d'expériences qui vise à enrichir la réflexion de tous les communicants confrontés aux risques portés par ces nouveaux médias. Son efficacité ne réside pas dans l'application systématiques des conseils prodigués ou dans la duplication des cas d'entreprises, mais plutôt dans la confrontation que chacun pourra faire de sa propre expérience avec les approches décrites ce livre.

Et surtout, n'oubliez pas que la force des médias sociaux c'est le partage d'expérience permanent entre les membres. N'hésitez donc pas à me faire part de vos critiques, apports et retours d'expériences !

Bibliographie

Ouvrages

D. Cardon, F. Granjon, *Mediactivistes*, Sciences Po. Les Presses, 2010

M. Chéreau, *Community Management*, Dunod, 2010

V. Ducret, *Le Guide de l'influence*, Eyrolles, 2010

T. Libaert, *La Communication de crise* (3e édition), Dunod, 2010

M. Baba, *Guerilla Kit*, La Découverte, 2003

D. Galula, *Contre-Insurrection*, Economica, 2008

G. Lakoff, *Don't think of an elephant*, Chelsea Green Publishing, 2004

S. Godin, *Tribus*, les éditions Diateino, 2009

M. Fanelli-Isla, *Guide pratique des réseaux sociaux*, Dunod, 2010

D. Tapscott, A. Williams, *Wikinomics*, Pearson, 2007

G. Reynolds, *An Army of Davids*, Thomas Nelson, 2006

C. Shirky, *The power of organizing without organizations*, Penguin Book, 2008

N. Haubert, C. Haroche, *Les tyrannies de la visibilité*, érès, 2011

D. Heiderich, *Rumeurs sur internet*, Village Mondial, 2004

E. Tran Thanh Tam, *L'entreprise anticrises*, Les éditions de l'organisation, 1996

J. C. Levinson, *Guerilla Marketing*, Houghton Mifflin, 1984

Articles

S. Helm, *The Role of Corporate Reputation in Determining Investor Satisfaction and Loyalty*, Corporate Reputation review, Vol 10, number 1

C. Hillenbrand, K. Maney, *Corporate Responsibility and Corporate Reputation: Two Separate Concepts or Two Sides of the Same Coin?*, Corporate Reputation review, Vol 10, number 4

T. Coombs, *Parameters for crisis communication*,

T. Coombs, *Protecting Organization Reputations During a Crisis: The Development and Application of Situational Crisis Communication Theory*, Corporate

Reputation review, Vol 10, number 3

A. Carmell, A. Tishler, *Perceived Organizational Reputation and Organizational Performance*, Corporate Reputation review, Vol 8, number 1

A. Kurt Cronin, *Cyber-Mobilization: The New Levée en Masse*, Parameters, Summer 2006

F. Frery, *Le Management 2.0 ou la fin de l'entreprise*, L'Expansion management review, Juin 2010

C. Aguiton, D. Cardon, *The Strength of Weak Cooperation: an Attempt to Understand the Meaning of Web 2.0*, Communications & Strategies, n° 65, 2007

J. Xie, S. Sreenivasan, G. Korniss, W. Zhang, C. Lim, and B. K. Szymanski, *Social consensus through the influence of committed minorities*, Physical Review E, Juillet 2011

Éudes

The Consumer Decision Journey, McKinsey, June 2009

Global Advertising: Consumers Trust Real Friends and Virtual Strangers the Most, Nielsen, Juillet 2009

Internet : un vecteur d'information incontournable dans le processus d'achat des internautes, TNS Sofres, 11 février 2010

La diffusion des technologies de l'information de la communication dans la société française, Credoc, 2010

Webographie

Reflets.info

Fr.ReadWriteWeb.com (Chroniques de l'infowar de Fabrice Epelboin)

Mediassociaux.fr

Owni.fr

www.mediametrie.fr

www.credoc.fr

www.theconversationprism.com

www.observatoiredesmedias.com

www.archive.org

Index

A
Air France 176, 193
Alerte 138
Al-Kanz 41
Angie+1 182
Anonymat 19
Anonymous 33
Apple 64
Asymétrie 29, 31
Avaaz 168

B
Bonding 53
BP 34, 163, 183, 184
Bridging 53
Buzz 44, 144, 159

C
Cabinet BWI 167
Cartographie 54
Célébration 55
Cellule de crise 139, 141
Centroïde 54
4chan 59
Clarté 18
Coca-Cola 196
Community manager 15
Compassion 17
Compétition 55
Conversation 97
Crise
 – endogène 163, 174, 198
 – exogène 168, 175, 198
 – « industrielle » 163
Crowdsourcing 48, 59
Curation 78
Cybion 75

D
Dell 137
DFTT 15
Digital immigrant 35
Digital native 35
Dissymétrie 28
Dramatisation 13
Droit 34

E
Effet
 – de levier 21
 – Streisand 37
Éthique 18, 34, 89, 145
Euro-RSCG C&O 78, 144

F
Facebook 58, 60, 85, 185, 193
Faux consommateur 91
Feuille 54
Flickr 58
Forum 112

G
Google 81, 85, 126
 – Trends 111
Greenpeace 8, 39, 157, 169, 170, 188
Groupe i&e 24, 140
Guérilla 31

H
Hadopi 23, 191
Happycurious 178
Hashtag 186, 187
Honnêteté 18
HSBC 34

I
IBM 127
Infowar 31
Intelligence économique 68
Intermédiaire 54
Isoler 94, 145

Index

J - K
KitKat 9, 39
Knacki Herta 41

L
Lieu
   – d'expression légitime 112, 114
   – d'expression libre 113, 117
   – d'expression négocié 113, 121
LinkedIn 58, 61
Logo détourné 14

M
Mapping de positionnement 110
Matrice
   – de classement des risques 63
   – des publics 93
McDonald's 88
Micro blogging 59
Modération 192
Morale 34

N - O
Nestlé 8
Nuage d'influence 108
Orange 151

P - Q
123people 81
Point « B » 167
Point « G » 167
Publicis Consultants
Net Intelligenz 80, 152
Quick 103, 163, 166, 181, 185, 197

R
Réputation 133, 136
Réseau 52
   – de médias 58
   – social 52, 58
Respect 17

Rueducommerce.com 160, 179
Rumeur 104, 194

S
Sensduclient.com 47
Silver surfer 20
Site « fantôme » 183
Skyrock 147
Smart power 92
SNCF 18, 65, 104
Soleil 54
Statement 101, 102, 115, 184, 202
Sur-crise 13
Symétrie 28

T
Testntrust.com 47
Tipping point 150
Top down 42
Train-Train quotidien 18, 65, 75
Trolls 15, 100
Twitter 59, 98, 186, 187, 193

V
Veet 76, 160
Veille 69, 72, 77, 80
   – marketing 68
Viadeo 58
Victime 15, 134
Victimisation 39

W
Web
   – activiste 33
   – invisible 70
   – social 52
Wikipedia 59, 120, 189

X - Y
YouTube 58, 165

Index des personnes citées

B
Jean-Pierre Beaudoin 24

G
Yann Gourvennec 151
François Guillot 182

K
Fateh Kimouche 41
Frédéric Klotz 160, 179

L
Clémence Lerondeau 157, 170

M
Stanislas Magniant 80, 152
Stéphane Mahon 178
Stanley Milgram 52

Xavier Moisant 18, 75

P
Christophe Pelletier 78, 144
François Pinochet 167
Sandrine Place 140

R
Carlo Revelli 75

S
Véronique Senèze 71
Clay Shirky 16
Thierry Spencer 47

T
Marina Tymen 176, 193
Sun Tzu 40

COLLECTION FONCTIONS DE L'ENTREPRISE

SÉRIE MARKETING COMMUNICATION

- A. Adary et B. Volatier, *Évaluez vos actions de communication*, 2ᵉ éd., 2012
- G. Bascoul et J.-M. Moutot, *Marketing et développement durable*, 2009
- S. Billiet, *Les Relations publiques*, 2009
- E. Bloch, *Communication de crise et réseaux sociaux*, 2012
- D. Caumont, *Les Études de marché*, 2007
- Y. Claeyssen et A. Deydier et Y. Riquet, *Marketing client multicanal*, 3ᵉ éd., 2011
- Y. Claeyssen, *L'E-mail marketing*, 3ᵉ éd., 2008
- B. de Faultrier et F. Rousseau, *Fonction : acheteur*, 2ᵉ éd., 2009
- D. Dion et al., *À la recherche du consommateur*, 2008
- T. Faivre-Duboz, R. Fétique et A. Lendrevie, *Le web marketing*, 2011
- D. Fasse et A. Schapiro-Niel, *Marketing et communication : le mix gagnant*, 2011
- P. Jourdan, F. Laurent, J.-C. Pacitto, *À nouveaux consommateur, nouveau marketing*, 2011
- A. Joannes, *Communiquer par l'image*, 2ᵉ éd., 2008
- V. de Barnier et H. Joannis, *De la stratégie marketing à la création publicitaire*, 3ᵉ éd., 2010
- H. Kratiroff, *Fonction chef de produit*, 5ᵉ éd., 2008
- J.-Y. Léger, *La Communication financière*, 2ᵉ éd., 2008
- P. Legohérel et E. Poutier, *Revenue Management*, 2011
- Y. Lellouche et F. Piquet, *La Négociation acheteur-vendeur*, 2ᵉ éd., 2010
- T. Libaert, *Le Plan de communication*, 3ᵉ éd., 2008
- T. Libaert et A. De Marco, *Les Tableaux de bord de la communication*, 2006
- B. Meyronin et C. Ditandy, *Du management au marketing des services*, 2ᵉ éd., 2011
- G. Michel, *Au cœur de la marque*, 2ᵉ éd., 2009
- P. Morel, *Pratique des relations presse*, 4ᵉ éd., 2008
- D. Mouton et E. Paris, *Pratique du merchandising*, 3ᵉ éd., 2012
- A. Ries, *Les 22 lois du marketing*, 2003
- S. Rieunier et al., *Le Marketing sensoriel du point de vente*, 3ᵉ éd., 2009
- Syntec Emo, *Études marketing et opinion*, 2007
- P. Treguer, *Le Senior marketing*, 4ᵉ éd., 2007
- N. Van Laethem et L. Body, *Le Plan marketing*, 2ᵉ éd., 2008
- E. Vernette, M. Filser et J.-L. Giannelloni, *Études marketing appliquées*, 2008
- A. Wellhoff, *Le Merchandising*, 6ᵉ éd., 2005
- M. Wilbaut, *La Négociation interculturelle*, 2010

056416 - (I) - (1,6) - OSB 80° - NOC - GCO

Achevé d'imprimer sur les presses de Snel
Janvier 2012 – 56449

Dépôt légal : février 2012 – *Imprimé en Belgique*